Guidance and Counselling

生徒指導 すきまスキル 72

中学校

堀　裕嗣 編著
山下　幸 編著

明治図書

まえがき

　再び，こんにちは。堀裕嗣です。

　「学級経営すきまスキル」に続いて，「生徒指導・生活指導すきまスキル」の刊行です。これまた，小学校低学年版・高学年版・中学校版を編集させていただくことになりました。今回もまた，宇野弘恵・大野睦仁・山下幸の三氏に編集のご協力をいただきました。心強い三氏です。

　本シリーズの最も大きな特徴は，それぞれのスキルの解説が「ハード編」「ソフト編」の二つに分かれているところです。少なくとも僕らはそう思っています。本書ではこの「ハード」と「ソフト」の書き分けが，前著の「学級経営……」よりもわかりやすいとも感じています。

　生徒指導・生活指導ならば，「ハード」は生徒指導的になりますし，「ソフト」は教育相談的になります。前者は厳しい指導で，後者は優しい指導と言っても良いでしょうし，前者は教師主導の指導で，後者は子ども主体の指導であると言い換えても良いでしょう。少し難しい言葉を使うなら，前者は「規律訓練型」の指導と言えますし，後者は「環境管理型」の指導と言えます。もちろん，学校教育の具体的な指導ですから，完全にどちらかに分けるなんてことはできません。その意味ではこの段落に多用した「的」とか「型」とかという接尾語が絶対にはずせません。

　時代は来たるべき道徳の教科化，アクティブ・ラーニング，そして「深い学び」にまっしぐらです。学校現場もそ

まえがき

のための教育課程の整備に大忙しです。しかし，そういうときこそ，実は子どもたちが置いてけぼりになる。そんな印象があります。新学力観のときも，ゆとり教育のときもそうでした。「心の教育」のときも，「学力向上路線」のときもそうでした。長年この仕事をやっていると，その矛盾に心が痛みます。どんな理想の教育が語られようとも，どんな時代にあっても，子どもたちにとっては学校は「生活」の場であって，「理想を実現する」場ではないわけですから。

教師が理想を追わなければならないときほど，そう焦らなければならないときほど，子どもの実態と乖離しないように自らを戒めなければならない，時代に流され翻弄されるだけの自分にならないように足下に目を向けなければならない。そんなふうに思います。

生徒指導・生活指導はまさに，そんな学校現場の足下を対象としています。子どもたちが学校生活を送るうえで最低限必要なこと，時代が変わっても生活をするうえで出てこざるを得ない現象，教育課程が変わっても必ず存在する学校定番の行事で起こり得るトラブル，そんなことを対象としています。これらをうまく裁けない，これらをうまく機能させられない，そんな教師の現実が「理想の教育」の足を引っ張ります。そんなことにならないために，少しでも力になれば……。そう思って生徒指導・生活指導の「すきま」を集めてみました。みなさまの教師生活に少しでも役立つなら，それは望外の幸甚です。　　　堀　　裕嗣

contents

まえがき　2

第1章 「反社会型生徒・脱社会型生徒」指導スキル40

【本書の構成】

本書はそれぞれのテーマについて，

ハード編：教師主導の「規律訓練型」の指導技術

ソフト編：生徒主体の「環境管理型」の指導技術

という形で，２つのポイントとなる視点から分けてまとめています。

あわせて読んでいただき，ご活用いただければ幸いです。

1　校内の人間関係を把握する／ハード編　…8
2　校内の人間関係を把握する／ソフト編　…10
3　校外の人間関係を把握する／ハード編　…12
4　校外の人間関係を把握する／ソフト編　…14
5　グループで固まる／ハード編　…………16
6　グループで固まる／ソフト編　…………18
7　机を離す／ハード編　………………………20
8　机を離す／ソフト編　………………………22
9　話を聴く態度が身についていない／ハード編　…24
10　話を聴く態度が身についていない／ソフト編　…26
11　にぎやかすぎる／ハード編　……………28
12　にぎやかすぎる／ソフト編　……………30
13　訊いてもしーんとしている／ハード編　…32
14　訊いてもしーんとしている／ソフト編　…34
15　不要物を持ってくる／ハード編　………36
16　不要物を持ってくる／ソフト編　………38
17　備品の破損を隠す／ハード編　…………40

contents

- 18 備品の破損を隠す／ソフト編 …………42
- 19 窓からゴミを投げる／ハード編 ………44
- 20 窓からゴミを投げる／ソフト編 ………46
- 21 廊下で怒声を上げる／ハード編 ………48
- 22 廊下で怒声を上げる／ソフト編 ………50
- 23 外見が変化する／ハード編 ……………52
- 24 外見が変化する／ソフト編 ……………54
- 25 名札をつけない(見えないようにする)／ハード編 …56
- 26 名札をつけない(見えないようにする)／ソフト編 …58
- 27 スカート丈を直さない／ハード編 ……60
- 28 スカート丈を直さない／ソフト編 ……62
- 29 腰パンにする／ハード編 ………………64
- 30 腰パンにする／ソフト編 ………………66
- 31 髪をしばらない／ハード編 ……………68
- 32 髪をしばらない／ソフト編 ……………70
- 33 茶髪・ピアスをする／ハード編 ………72
- 34 茶髪・ピアスをする／ソフト編 ………74
- 35 不潔である(歯を磨かない・においなど)／ハード編 …76
- 36 不潔である(歯を磨かない・においなど)／ソフト編 …78
- 37 生活リズムが崩れている／ハード編 …80
- 38 生活リズムが崩れている／ソフト編 …82
- 39 言葉遣いが乱れている／ハード編 ……84
- 40 言葉遣いが乱れている／ソフト編 ……86

第2章 「非社会型生徒」指導スキル12

- 1 周りとコミュニケーションをとれない／ハード編 …90
- 2 周りとコミュニケーションをとれない／ソフト編 …92
- 3 テストが嫌で保健室へ逃げる／ハード編 …94
- 4 テストが嫌で保健室へ逃げる／ソフト編 …96
- 5 多動系生徒に対応する／ハード編 ……98

| ⑥ | 多動系生徒に対応する／ソフト編 …100
| ⑦ | 自閉系生徒に対応する／ハード編 …102
| ⑧ | 自閉系生徒に対応する／ソフト編 …104
| ⑨ | グレーゾーン生徒に対応する／ハード編 …106
| ⑩ | グレーゾーン生徒に対応する／ソフト編 …108
| ⑪ | 不登校生徒に寄り添う／ハード編 …110
| ⑫ | 不登校生徒に寄り添う／ソフト編 …112

第3章 「集会・行事指導」指導スキル20

| ① | 廊下に整列させる／ハード編 …………116
| ② | 廊下に整列させる／ソフト編 …………118
| ③ | 整然と移動させる／ハード編 …………120
| ④ | 整然と移動させる／ソフト編 …………122
| ⑤ | 聞く姿勢を整える／ハード編 …………124
| ⑥ | 聞く姿勢を整える／ソフト編 …………126
| ⑦ | 座礼を指導する／ハード編 ……………128
| ⑧ | 座礼を指導する／ソフト編 ……………130
| ⑨ | 集会中に寝る／ハード編 …………………132
| ⑩ | 集会中に寝る／ソフト編 …………………134
| ⑪ | 行事への意欲をたきつける／ハード編 …136
| ⑫ | 行事への意欲をたきつける／ソフト編 …138
| ⑬ | リーダーを育成する／ハード編 ………140
| ⑭ | リーダーを育成する／ソフト編 ………142
| ⑮ | スピーチを指導する／ハード編 ………144
| ⑯ | スピーチを指導する／ソフト編 ………146
| ⑰ | バス・列車の座席を決める／ハード編 …148
| ⑱ | バス・列車の座席を決める／ソフト編 …150
| ⑲ | 部屋割りを決める／ハード編 …………152
| ⑳ | 部屋割りを決める／ソフト編 …………154

あとがき 156

第1章

「反社会型生徒・脱社会型生徒」
指導スキル40

第1章● 「反社会型生徒・脱社会型生徒」 指導スキル40

① 校内の人間関係を把握する

ハード編

　スカート丈や不要物の持ち込みなど，指導がイタチごっこのようになってしまったことはないでしょうか。もしかしたら，生徒同士の会話で「○○くらいならバレないよ」「△△先生なら気づかないから大丈夫だよ」と広まっているのかもしれません。こんな雰囲気が学年に蔓延する前に，人間関係を把握し，一網打尽にしてしまいましょう。

雰囲気を変えないために

　学年の雰囲気を変えないためには，「いち早く乱れを発見すること」「情報を広めないこと」が大切です。そのためには生徒たちを観察することで，交友関係を把握し，くぎを刺すことができるかが大切なことだと思います。

傾向と対策

1 曖昧を許さない事実確認・指導をする

「友達もスカートを短くしているので私もやった」
「みんなで遊んでいたつもりが，やり過ぎた」

　生徒指導で事実確認をしているときによく聞く話です。しかし，生徒が言う「友達」や「みんな」という言葉を聞き流していないでしょうか。事実確認中に曖昧な言葉が出てきたら，次のように聞き返すことが大切です。

「みんなで調子に乗ってからかってしまいました」
「みんなって誰さ」
「○○君と△△君，○△さんです」
「○○は何をしたんだ」
というふうに掘り下げるのです。事実確認が終わったら，名前が出てきた生徒を全員呼び，一人ずつ別室で事実確認を行います（全員同時が理想です）。終了後は全員を集めて，言い分を確認し，話が合わない部分を一致するまで話し合わせハッキリさせます。過去には話が全く合わず，現場検証をしたこともありました。すべての話が一致したところで一斉指導をして終了です。ウソをついた生徒がいる場合は追加指導も行います。

2 廊下で様子を観察する

次の時間に授業のない教師は，休み時間の廊下巡視をするのはどうでしょうか。「Aは学級の生徒よりも部活動の生徒と一緒にいることが多いな」「今日のBは誰とも話さずに本を読んでいるが，何かあったかな」など様々なことがわかるはずです。空き時間に授業中の教室に入り，様子を観察する方法もあります。生徒と授業を受けながら，「落ち着きのない生徒や同調している生徒の様子」「周りの生徒の反応」をチェックしていきます。これらの様子は学年会や朝の打ち合わせの話題にします。さらにシートを用意し，情報を記録として残しています。学級編制や次の担任への引き継ぎ資料とするためです。

(山﨑　剛)

第1章● 「反社会型生徒・脱社会型生徒」 指導スキル40

❷ 校内の人間関係を把握する

学級編制は生徒のこれからを決める重要な仕事です。編制を間違えれば，不登校生徒が増えるだけでなく，最悪の場合，学級が崩壊してしまうこともあります。ですから，私たちはたくさんの情報を得ておかなければいけません。ソフト編では，情報を集める方法をいくつか提案していきたいと思います。

情報を得るためのポイント

「時間の設定」と「過去情報を残す」の二つです。これらが欠けてしまうと，十分な情報が得られないばかりでなく，離しておきたい生徒が同じ学級に入ってしまうことになります。後で「実は，小学校のときに……」などと言われないように，普段から意識しておきたいものです。

傾向と対策

1 教育相談（個人面談）を行う

年度に数回，生徒と学習や生活について話をする「教育相談（個人面談）」が，各学期末には「期末懇談」が設定されていると思います。

私の場合，これらの日では人間関係について話を聞くことにしています。

時期が近づいてきたら,プリントを作成します。プリントには,「希望する日程」と「学習について聞きたいこと」という欄があります。必要に応じて,「保護者の方が聞いてみたいこと」という欄を用意することもあります。

教師は当日までにプリントにコメントを入れておきます。教育相談では,「自分に関すること」「学級で気になっている生徒」を,期末懇談では,「家庭・学校での様子」「放課後の生活(友人関係)」を重点的に聞き込みます。最後に,用意しておいたプリントを返却して終了します。

生徒も保護者も高い関心を示すのは,学習や成績です。学習についての質問を事前に聞き出し,まとめておくことで,生活の情報を得ることに時間を割けるのです。

年度末の教育相談では,「クラスにいたら嬉しい人」「どうしても苦手な人」も全員に調査します。この結果は全クラスでまとめ,学級編制に利用します。

2 生徒から情報収集をする

立場の弱い生徒については,本人だけではなく学級の生徒からも情報を集めます。学級のことは生徒が誰よりも知っているものです。

班決めは情報を集めるのに最適です。各班の班長に話し合わせて班を決めさせます。班長は「AとBは離しておきたいよね」「CはAが一緒の方が安心できるよね」などと意見交流をしながら班を決めていくはずです。教師は話を聞きながら,情報を集めます。

(山﨑　剛)

第1章● 「反社会型生徒・脱社会型生徒」 指導スキル40

3 校外の人間関係を把握する

ハード編

　全国の中学校3年生のスマートフォン所持率が約8割（平成28年度全国学力・学習状況調査より）という結果が出ています。また，SNSの使用率も高く，これまで以上に自分の学校以外の生徒と交流することが容易になりました。これから教師は，校内だけではなく，校外の人間関係も把握し，適切な指導をしていくことが求められています。

把握が必要な理由

　一般生徒であれば，「一緒に塾で勉強する」「塾の後にご飯を食べる」程度で，あまり心配の必要はないかと思います。しかし，学級にいる反社会・脱社会傾向をもつ生徒については，校外の人間関係の把握が大切です。把握を怠ると，ケンカや家出・深夜徘徊，最悪の場合は触法行為を行う可能性も考えられるのです。

傾向と対策

1 積極的に巡視に参加する

　「近くの神社で開催されるお祭り」「PTAでの活動」など，様々な場面で巡視が行われているかと思います。「巡視をします」と係の先生から提案があるたびに，「勤務外の時間だからなぁ……」「何かあったら，指導をしなくちゃ

第1章 「反社会型生徒・脱社会型生徒」指導スキル40

ゃいけないし……」などと,参加に後ろ向きになっていませんか？　その気持ちもわからないこともないのですが,生徒の校外での様子を観察するために,これほど便利な機会はありません。面倒くさがらずに参加して,校外の生徒との関係があるかを探りましょう。

巡視の際は,「生徒指導担当や他学年の教師」「保護者の方」と回ることをオススメします。「あー,あれは○中の○○だね」「あれは,１年の△△だな。一緒にいるのは３年の□□だな。□□の家は常に溜まり場になっているから心配だな」など,多くの情報を集められるはずです。

2　外部機関の協力を得る

以前は,「先輩・友達が紹介する」「ゲームコーナーで偶然知り合う」という方法で他校の生徒と知り合うことが多かったように思います。しかし,今はスマートフォンが普及したこともあって,「SNSを使い知り合う」ことが多くなっています。

SNSを出会いのきっかけとさせないために,「ネットパトロールに協力を求め,利用動向を調査する」「スクールサポーター制度を利用する」という方法があります。

その場合は,生徒に向けて「非行防止講演や立ち直り支援対策」など,啓蒙活動等も一緒にお願いすると良いでしょう。実態把握だけでなく,悪い交友関係が次々に広がっていくのを未然に防止するのです。

（山﨑　　剛）

第1章● 「反社会型生徒・脱社会型生徒」 指導スキル40

❹ 校外の人間関係を把握する

ソフト編

人間関係を把握するためには自分のアンテナをしっかりと広げることも大切です。アンテナを広げるためにはどのような方法があるのでしょうか。

☝ アンテナを広げる

自分でも把握しようと努力し続ける姿勢が大切です。資料を調べたり，保護者・職員を味方につけたりすることで情報を拾うアンテナを広げていきます。

📖 傾向と対策

1 引き継ぎ資料を見る

3月になると，新たに入学してくる生徒一人ひとりの性格や学力，能力（ピアノが弾ける・リーダー性が高い）などを小学校教諭と確認し合う「引き継ぎ」が行われます。

新入生を受け持つことが決まったら，これまでに「他校生徒とのつながりがなかったか」「特に仲の良かった生徒が誰なのか」を小学校教諭と確認します。特に問題傾向のある生徒については念入りに確認をしましょう。仲の良い生徒が，別の中学校へ進学する場合は，要注意です。そこから新たな交友関係が生まれるかもしれません。

2年生から受け持つ場合は，過去の引き継ぎ資料に目を

第1章 「反社会型生徒・脱社会型生徒」指導スキル40

通し，予備知識を得ておきます。わからないことは，前年度から持ち上がる先生に話を聞いておきましょう。

2 保護者を味方にする

ハード編でも触れましたが，SNSを使って接触する方法が増えています。一度も会ったことがない生徒や大人がLINEの友人として登録されていることも珍しくありません。これでは教師が連携をとり合ったとしても，全体像を把握することは困難です。

そこで，スマートフォンを管理している保護者に協力を求めて情報を集めます。期末懇談で現状を交流したり，チェックシートを作成して，通信に掲載したりと様々な方法で教師・保護者のアンテナ感度を上げます。

3 周りの職員と仲よくする

相談事や悩み事などは，担任よりも養護教諭の方が知っていることが多いものです。その雰囲気から「何でも話を聞いてくれそう」「親や担任に何となく言いづらいことも養護教諭になら話せそう」と思うようです。

普段から養護教諭と交流を図り，ちょっとしたお願いを聞いてもらえるような関係をつくっておくことが大切です。

また，やんちゃな生徒と用務員さんの間にも同じような関係ができることがあります。破損した物を用務員さんと修理するうちに打ち解けるのだと考えられます。用務員さんの性格にもよりますが，そういう学校に限って，生徒にピッタリとくる用務員さんがいるものです。

（山﨑　剛）

第1章● 「反社会型生徒・脱社会型生徒」 指導スキル40

グループで固まる

　教師は様々な場面で「みんなで」を強調します。学校行事はもちろん，当番活動や授業においても「みんなで」はひとつの合い言葉であるとすら言えるでしょう。

　そうはいっても，中学生ともなると気の合う者同士で数人のグループを組んで行動するようになります。このグループが学級経営を難しくしたり，人間関係のトラブルにつながったりしていきます。

子どもの言い分

　子どもには「仲の良い者同士で一緒に過ごして何が悪い」という言い分があります。確かに大人も仲の良い者同士で時間をともにしているわけですから，この言い分とまともに対峙しても勝ち目はありません。

傾向と対策

1 グループを二分させる

　学級に強い影響力をもつグループがあるような場合には，特に注意を必要とします。なぜなら，学級や学年の人間関係に関するトラブルはこのグループに起因するものが多くなるからです。このグループには早い段階でグループを二分しなければならない経験を積ませることが効果的です。

班づくりでも行事のグループ決めでも良いのですが,グループを半分に分けなければいけないような場面を設定します。例えば,影響力の強いグループが５人で構成されているような場合には,３人と２人に分けなければいけないような場面をつくるのです。このとき,他のグループの希望も尊重するなど,教師はあくまでも全員の意見を平等に扱っているというスタンスが重要です。公的なグループ決めでは完全に自分たちの思い通りにはならないという経験を早めにさせておくことが大事です。

2 リーダー生徒と人間関係を共有する

実は,グループを分ける経験をさせるだけでは,生徒の側には我慢させられた,という思いしか残りません。分断されたそれぞれのグループでもそれなりに楽しい思いができたと感じさせ,必ずしもグループ全員が同じでなくても良いと感じさせるところまでの配慮が必要となります。

具体的には,班員の構成を決める際に,班長に決めさせるという方法を採ります。このとき,学級内のグループを含む様々な人間関係を共有します。きちんと話をしていくと,リーダー生徒であれば,仲の良い者同士ばかりではいけないことに納得しますから,あとは班長と協力しながらどの班も楽しく生活できるようにメンバーを構成していくのです。この話し合いは,最初はかなり教師主導で,徐々にリーダー生徒に権限を委譲していく,というイメージで行うと良いでしょう。

(髙橋 和寛)

第1章●「反社会型生徒・脱社会型生徒」指導スキル40

グループで固まる

　現代の子どもは放っておくと，同じグループでない者とは一年間一度も話さずに終わる，ということも珍しくありません。教師が手を打たなければ，グループ間の溝はどんどん広がり，そこから様々なトラブルにつながっていきます。かといって教師の力でグループを無理に解体することもまた危険です。

　グループ間の溝を無理に埋めるのではなく，重なり合う部分を増やしていく。こんなイメージで少しずつ手を打っていきましょう。

グループを壊す危険

　中学生に対して，教師が強権を発動して無理にグループを解体するのは非常に危険です。教師が生徒の反感を買うのはもちろん，解体したグループの人間関係に亀裂が入ったり，他のグループに所属することができずに孤立する生徒を生んでしまったりする危険があります。

傾向と対策

1 「取り巻き」からつなげる

　グループ間の重なり合う部分をつくるうえで欠かせないポイントは，いわゆる「取り巻き」同士からつなげていく，

ということです。私の経験上，グループの中心的な人間ではなく，「取り巻き」同士の方が共同作業を通じて仲よくなれる可能性が高いように思います。

グループ間の重なり合う部分をつくることができれば，生徒の間でグループ間でのトラブルを回避しようという動きが起こるようになります。さらには仲間外れを恐れる必要もなくなるので，「取り巻き」がリーダー格に遠慮する必要すらなくなっていきます。

2 班でつなげる

具体的な「取り巻き」のつなげ方として班づくりの工夫が挙げられます。私の学級では「3回連続で同じ班になるのは禁止」というルールを設けています。このため，3回に1回はそれほど仲の良くなかった生徒とも同じ班を構成し，当番活動をともにしなくてはなりません。これをきっかけに少しずつ「取り巻き」同士をつなげていくのです。

そもそも子どもがグループで固まるのは，グループ外の者とのふれあいの少なさに原因があります。つまり，教師がグループの異なる子どもに交流の機会を与えれば，子ども自身も「あまり話したことがなかったけど，話してみたら意外といいやつだった」と気づき，自分たちで新たな人間関係をつくっていくことができるのです。さらに，「取り巻き」同士はもともと力関係にそれほど差があるわけではありませんから，うまく気が合えば，このことをきっかけに良好な人間関係を築いていくということも期待できます。

（髙橋　和寛）

第1章●「反社会型生徒・脱社会型生徒」指導スキル40

机を離す

　生徒が机を離していることに気がついたらそのままにせず，すぐに指導することが必要です。その一人を出さないことが予防的生徒指導として大切です。指導しなければ，「自分のクラスでは机を離しても良いんだ」ということを教えていることになります。

道徳の時間で予防し，段階的に指導する

　教員であれば「机を離す」という行為がいじめの第一歩であることは容易に理解できることでしょう。しかし，中学生は自分の行動がその先のどんなことにつながっているか予測できる生徒ばかりではありません。反対にそこが理解できていないからこそ，「机を離す」という行為をしてしまうのでしょう。生徒とともにいじめについて考える時間の中で，どんな行動が「いじめの芽」であるのか考えてみましょう。

傾向と対策

1 道徳の時間で予防する

　予防的に行う道徳の時間です。年度当初に必ず実践したいものです。

　①いじめとはどんな行動か考えさせる（ブレインストー

第1章 「反社会型生徒・脱社会型生徒」指導スキル40

ミング的にたくさん挙げさせる)。
②挙がったものを四つのレベルに分ける（分ける段階で「人によって感じ方が違う」ことを体感できる）。
③一番下のレベルを「いじめの芽」と呼び，その芽を出さない学級であるためにはどうすれば良いか話し合う。
④この授業の内容については，学級通信や掲示物で形に残しておくと後日指導の際にも使えます。

2 机を離しているのを発見したら

たまたま離れていただけかもしれないので，
①まずは全体指導です。

授業前の号令のタイミング等に全体指導を入れます。次頁のソフト編に書いたような床の印があれば，「机を整えてください」というひと言でその基準にきちんと合わせるはずです。それでもダメなら……
②次は個別指導です。

「あれ？　机が離れているよ？」と声をかけます。それでも直さないようであれば，意図的な行為ですから指導対象です。
③離していた生徒に事情を聞き，今後の行動を問います。

基本的にはカウンセリングマインドを発揮し，徹底して"気持ち"を聞きます。何かイヤなことがあったのか，なぜ机を離すのか，じっくりとマイナスの気持ちを吐き出させ，すっきりしてもらいます。次に相手はどんな気持ちか考えさせ，最後に「これからどうしたい？」と"行動"を問うのです。

（河内　　大）

第1章● 「反社会型生徒・脱社会型生徒」 指導スキル40

8 机を離す

ソフト編

「机を離す」という行為はいじめの第一歩。こういった行為にすぐ気がつくことができるかどうかが担任にとって大きな分岐点になります。

👆 ユニバーサルデザインと「公共物」の意識づけ

特別支援教育の視点から教室環境のユニバーサルデザイン化（すべての生徒にとって使いやすい教室環境整備）が必須となりつつあります。さらに「学校の物は公共物である」という指導が机を離す行為の予防へとつながっていきます。

📖 傾向と対策

1 床に印をつける

新学期を迎える前に机を縦横揃えて整列し，左下の写真のように印をつけます。

こうすることで，机を置く場所の絶対的な「基準」があるわけですから，おいそれと机を離すことができなくなりますし，これが「いじめの芽」の早期発見にもつながります。そして実は，この「基準」があるということがUD（ユニバーサルデザイン）の発想なのです。特別な支援が必要な生徒にとって「『基準』がはっきりしない曖昧な指示」ほど混乱することはありません。床の印に限らず，様々な場面で「基準」をはっきりさせることは，特別支援の視点からも非常に重要です。

2 机が揃っていることが気持ちいいことを体感させる

年度当初の学活で2種類の写真を見せます。

①縦横が美しく整っている教室の写真

②わざとぐちゃぐちゃにして撮影した写真

どちらが気持ちよく感じるか，どちらが学習する環境としてふさわしいのかを見せるのです。

3 机は「公共物」であり「自分の机」ではない

多くの学級では年度当初，机や椅子にシールを貼り，一年間「自分の机」として生活させるのではないでしょうか。私は思い切ってシールを貼るのをやめ，席替えの際には椅子だけ移動するようにしたところ，机を汚す生徒が減りました。そうして「公共物」であるという考えを浸透させていくと，「自分の机」だという意識が低くなり，机を離す行為が減ることにもつながります。　　　　　（河内　大）

第1章● 「反社会型生徒・脱社会型生徒」 指導スキル40

9 話を聴く態度が身についていない

　授業はもちろん，朝や帰りの会，委員会など様々な場面で生徒に話を聴かせる場面があります。話を聴いていないというほどではないのですが，机に突っ伏している，筆記用具をいじりながら話を聴くなど，ふさわしくない態度をとる生徒が必ず数名います。話の内容を理解できていればそれで良い，とするのではなく，きちんとした態度を身につけさせることは，学校生活のみならず，大人になってからも大いに役立つことでしょう。

きちんと聴けない原因

　小学校で話を聴く態度は十分に学んできていると思いがちですが，中にはこういったものが十分に身についていない生徒もいます。小学校で行われる実践を参考にしつつ，中学校でも継続して，どのように話を聴けば良い態度と言えるのかを指導していく必要があります。

傾向と対策

1 机の上の物をしまわせる

　人の話を聴くときに物を触らないよう指導していることと思います。しかし，一部の支援傾向の生徒は机の上に物があれば，それが良くないことだとわかりつつ，それでも

触りたくなってしまうものなのです。きちんと話を聴かせたいとき，そうでなくても朝学活や帰りの学活では教師が話を始める前に，生徒に机の上をきれいにさせてしまうというのが効果的です。こうすることでいじる物自体がなくなってしまうため，物をいじりながら話を聴くということがなくなります。

2 「へそ」を意識させる

教師が話をするときに「前を向いてください」「こちらに注目してください」と言いますが，この指示に「へそ」を加え，「目とおへそを先生の方に向けてください」と指示します。やってみるとわかるのですが，へそを前に向けるとなると，体全体をきちんと前に向ける必要があり，すべての生徒にわかりやすく話を聴くときの体の向きを指導することができます。また，何度か指導していくうちに「へそ！」と言うだけで生徒はきちんとした姿勢をとるようになってきます。

3 「目」「耳」「心」で聴く

「人の話はどこで聴くものですか？」と問うとほとんどの生徒が「耳」と答えます。そこで耳以外にも相手に「私はあなたの話を聴いていますよ」ということが伝わる「目」，話をもとに自分の心で考える「心」が大事だと伝え，様々な場面で繰り返し指導するのです。

これは全校集会や学年集会などの大人数の話を聴く態度を指導する際にも有効です。

（髙橋　和寛）

第1章● 「反社会型生徒・脱社会型生徒」指導スキル40

10 話を聴く態度が身についていない

　話をきちんとした態度で聴かない生徒の多くは，「話＝つまらないもの」と無意識に認識してしまっています。つまらないから聴きたくない，聴きたくないからだらけてしまう，というわけです。

　このような生徒に「きちんとした態度で話を聴きなさい」と言葉で指導するだけではなかなか態度は改善されていきません。生徒の心の根底にある「話＝つまらないもの」という意識を変容させていくことが，話を聴く態度の指導におけるスタートとなるのです。

話がつまらないと感じる要因

　生徒が話をつまらないと感じる要因は様々ですが，教師の話し方か内容のいずれかに問題がある場合が多いようです。いずれにせよ，生徒がなぜ自分の話をつまらないと感じているのかを分析して指導に当たる必要がありそうです。

傾向と対策

1 生徒に話させる

　集会などで話をするときに，教師が一方的に話すのではなく，話の途中で生徒に問いかけてみましょう。場合によっては1人に問いかけるのではなく，複数に問いかけたり，

第1章 「反社会型生徒・脱社会型生徒」指導スキル40

全員に手を上げさせたりするような問いかけにすることもできます。こうすることで話が教師から生徒への一方向ではなくなり，話を聴こうという気を高めることができるのです。たとえ話自体が生徒にとって興味のもちにくいものであっても，そのつまらなさを緩和することができます。さらに，隣同士での交流なども取り入れることで生徒の場に対する参加の度合いが上がり，話を聴く態度も自然ときちんとしたものになっていきます。ただしこの場合，交流は短時間で切ることを心がけましょう。

このように話の途中で生徒に問いかけることを繰り返していくと，生徒はいつか自分に当たるかもしれないと考えるようになり，自然と話をきちんと聴くようになるという効果も期待できます。

2 心理テストで聴き方を体感する

朝や帰りの学活で，突然何の前触れもなく心理テストを始めてみましょう。最初は話を聴く態度ができていない生徒がいても放っておき，教師は淡々とテストの概要を説明し続けます。中学生はこの手の話が大好きですから，最初はいい加減な態度で話を聴いていた生徒も少しずつ話を聴くようになってきます。

テストが終わったら，今自分たちがどんなふうに話を聴いていたのかを振り返らせます。ハード編で触れた「目」「耳」「心」がここでも有効です。ここで体感した聴き方を他の場面で応用するよう促していきましょう。

(髙橋　和寛)

第1章● 「反社会型生徒・脱社会型生徒」 指導スキル40

にぎやかすぎる

　学級がにぎやかであることは悪いことではありません。行事では盛り上がり，学級の団結も深まることでしょう。生徒にとってみれば学校が楽しいと感じる一つの要素にもなるかもしれません。しかし，にぎやかすぎる場合はやや問題があります。度を超えてしまうと様々な弊害が生まれるのです。担任は学級のにぎやかさをしっかりとコントロールし，目指すべき集団に導きたいものです。

にぎやかすぎて困ること

・静かになるまで時間がかかる。すぐ騒がしくなる。
　⇒大切な話が伝わらない。
・授業中，関係のない話で盛り上がり，集中できない。
　⇒授業崩壊，学力低下につながる。
・調子に乗り，気持ちが大きくなる。
　⇒規律違反や校則違反につながる。

傾向と対策

1 にぎやか度を教師がコントロールする

　学級担任を受け持つ際には大抵の場合，前年度の生徒の情報（学校生活の様子や委員会活動など）を見ます。中学校1年生であっても小学校からの引き継ぎ情報があります。

それを見れば，ある程度の生徒一人ひとりの特徴がわかります。さらには学級全体の雰囲気を予測することもできます。その際に，新学級がにぎやかな集団になりそうだと予測されるのであれば，年度のスタートはややトーンを落とし，整然とした雰囲気をつくる必要があります。担任が落ち着いたトーンで接することで生徒も落ち着いて過ごすことが当たり前になり，にぎやかすぎる状況は生まれにくくなります。反対に，大人しい集団になりそうだと予測されるのであれば，学級開きで担任が意図的にややリラックスできる雰囲気をつくってあげると良いでしょう。

いずれにしても，学級のにぎやか度を担任がコントロールすることが大切なのです。担任のキャラクターを先行させた学級経営や行き当たりばったりの学級経営をしているとにぎやか度のコントロールが効かなくなり，気がついたときには落ち着きのない学級になってしまうのです。

2 教科担任と連携する

担任が自分の学級のにぎやか度をうまくコントロールするためには，教科担任と連携することが効果的です。教科担任には事前に自分の学級の特徴を伝え，にぎやかになりすぎないように配慮してもらいます。当然，教科担任の指導の方針もありますからその領域には踏み込まない程度に連携します。これにより，学級に来る教師がある程度同じスタンスで指導に当たることができるので，にぎやかすぎる状況は生まれにくくなるのです。

（高村　克徳）

第1章● 「反社会型生徒・脱社会型生徒」指導スキル40

にぎやかすぎる

　自信のない担任は学級がにぎやかになることを極度に恐れます。その理由は主に二つあります。一つは，エスカレートして収拾がつかなくなることを避けたいからです。そしてもう一つは，ゴールイメージができていないからです。瞬間的に学級がにぎやかになっても目指している集団（ゴールイメージ）に向かっているのであれば，許容できるものです。しかし，ゴールイメージがないと，目先のことにこだわりすぎてしまい，少しにぎやかになることすら許すことができなくなってしまうのです。

見た目だけが学級の良さではない

・静かな学級≠良い学級
・にぎやかな学級≠ダメな学級

傾向と対策

1　にぎやかになることを恐れない

　どの学級にも大抵盛り上げ役の生徒やお調子者の生徒がいます。こういった生徒を教師がどのように扱うかで学級のにぎやかさは変わってくるものです。厳しく注意して押さえつければ，おそらく静かな学級をつくることはできるでしょう。しかし，無理に押さえつけて静かにさせること

第1章 「反社会型生徒・脱社会型生徒」指導スキル40

で果たして良い学級になるのでしょうか。大人しくて落ち着いているように見えても，実は無気力になっていたり，心の中に不満をもっていたりすることがあるのです。こういう集団は何事も目立たないようにやろうとするので，「ばれなければ良い」という心理が働きやすく，陰湿ないじめも起きやすいのです。担任が気づかないうちに水面下で様々なトラブルが起きるのです。もちろん押さえつける指導で回避できるトラブルも多くあります。しかし，にぎやかになることを恐れてはいけないのです。

2 にぎやか度を生徒が自分たちでコントロールする

盛り上げ上手な生徒やお調子者の生徒は，学級を盛り上げたり，みんなの笑いをとったりすることで個性を発揮します。担任にはこの貴重な個性を生かす役目があると思います。かといって彼らを野放しにしてしまえば，にぎやかになりすぎて，収拾のつかないことになりかねないので扱い方に気をつける必要は大いにあります。しかし，活躍どころと，そうではないところを明確に示してあげることで彼らは生かされるのです。つまり，どこまでが許容範囲なのか，どこからがやりすぎなのかを教師が時間をかけて細かく教えていくのです。大変な作業ですが，これを続けることで生徒はにぎやか度を自分たちでコントロールできるようになります。そうなればにぎやかすぎる状況も自ずと生まれにくくなるものです。

（高村　克徳）

第1章● 「反社会型生徒・脱社会型生徒」指導スキル40

訊いてもしーんとしている

小学校に入学したばかりの子どもたちは，一つの問いかけにたくさん返答をします。訊いてもしーんとしている状況とは無縁の世界です。しかし，発達段階に伴う成長過程でもありますが，年齢が上がると教師の問いかけに対して反応がなくなっていくという現象に困り感を抱く教師も少なくありません。そして，「昔は良かった。昔の子どもは教師の問いかけによく反応してくれた」と考え，諦めてしまっている教師も現場には存在します。

しーんとしている状況の捉え方

今の生徒は昔の生徒に比べて全体指導が通りにくくなったという声を耳にします。職員室でもこのような会話が飛び交うこともあります。前述したように，小学校の頃はあんなに元気だったのに，今では全然反応がないという声も聞こえてきます。訊いてもしーんとしている状況はそもそも良くない現象なのでしょうか。もし，良くない現象だと考えるならば，それは子どもに原因があるのでしょうか。

傾向と対策

1 教師側の「問い」の「質」を高める

年齢が上がるにつれて，問いかけに反応していないよう

第1章 「反社会型生徒・脱社会型生徒」指導スキル40

な現象が表面上見受けられます。しかし，あくまでも表面上です。生徒の多くは教師の問いかけを真剣に受け止めます。あまり好ましいことではありませんが，生徒の中には「先生の正解は何だろう」と問いに対する答えを考える者さえいます。確かに，教師と生徒の人間関係がうまくいっていないときに，シラけてしーんとしている場面もあります。しかし，人間関係だけが原因ではないのです。

　年齢が上がるにつれて，誰でも答えられる質問には応答しなくなります。つまり，生徒にとってみれば「答えるに値しない問い」ということです。訊いてもしーんとしている場合には，まず自らの問いのレベルがどうだったのかを考え直す必要があります。

2　思考整理の時間を設定する

　「教師には待つ姿勢が大切である」。よく言われるフレーズです。その反面，生徒に何かを問いかけて反応がないと多くの教師が不安になります。しかし，しーんとしている時間がどのくらいかを計ったことがありますか。私の狭い経験の中で申し訳ない話ですが，30秒程度あるかないかではないでしょうか。要するに感じ方の問題です。

　この時間を不安だと感じるのではなく，生徒が思考を続けている時間だと捉えることが大切です。しーんとしている時間は決して悪い時間が流れているのではありません。生徒は考えているのです。そして，この答えで良いのだろうかと自分に問いを発しているのです。表面上はしーんとしていても，生徒の表情は全然違います。　　（友利　真一）

第1章●「反社会型生徒・脱社会型生徒」指導スキル40

14 訊いてもしーんとしている

ソフト編

　ハード編でも述べましたが，今の生徒は昔の生徒に比べて全体指導が通りにくくなったという声を耳にします。少子化の影響で一つの学級の人数は減っているものの，一人の担任教師が30名程度の生徒たちに全体指導をしないことはありません。しかし，昔に比べて指導が通りにくくなったという実感があることも否めません。訊いてもしーんとしてしまう原因の一つに生育環境の問題があります。

育ってきた環境の変化

　昔は二世帯で住み，兄弟姉妹の数が多い時代でした。したがって，幼少期から兄弟姉妹全員が一つの集団として扱われてきました。しかし，近年は多くの大人が一人の子どもにきめ細かく関わる形で子育てが行われています。育ってきた環境が影響し，学校で一人の教師から全体に発せられた言葉を，自分自身に向けられたものだと理解できない生徒も増えました。さらに，何を訊かれているのかさえのみ込めてない生徒も数多く存在します。

傾向と対策

1 頭の中だけはしーんとさせない

　運動する前に十分なストレッチをするように，話を聴か

第1章 「反社会型生徒・脱社会型生徒」指導スキル40

せる際にも準備運動のようなものが必要であると考えます。特に年度当初は丁寧な準備運動を行います。私は次のようにステップを踏んで話をすると効果的だと考えます。

　①話をする前に全員を起立させる。
　②教師の言っていることに対する答えがわかったら着席するように指示する。
　③教師が生徒に訊く。
　④時間で区切り，全員を座らせて前後左右で答えを交流する。
　⑤意図的に指名して答えを全体で確認する。

この方法では，教師の問いかけには表面上しーんとしていますが，答えを見つけて座ろうとする意識が生まれるため，頭の中はしーんとしません。そして交流や指名発表の場もあり，しーんとしてはいられません。つまり，訊かれたときにしーんとできない場を設定してしまうのです。これを繰り返しているうちに，生徒は全体で訊かれていることに対して自分で解を見つけ，勝手に交流するようになります。教室がしーんとする状況はもうなくなっています。

2 個別に名前を呼んで振り返りをさせる

　1のような工夫をしたとしても，教師から全体に発せられた言葉を全員が自分自身に向けられたものだと理解できないかもしれません。ですから，支援を要すると思われる子には，個別に名前を呼んでから訊いてみると良いでしょう。しかし，話し始める前の指名はいけません。指名されなかった生徒が話自体を聴かなくなります。（友利　真一）

第1章● 「反社会型生徒・脱社会型生徒」 指導スキル40

不要物を持ってくる

　中学校における生徒指導の悩みの種の一つが不要物の指導です。飴やガムなどのお菓子に加えて，最近はスマートフォンなどの持ち込みなども目立つようになりました。

　毎回のように「学習に必要のないものは持ってきてはいけない」と指導しても，なかなか状況が改善されず，手をこまねいている方も多いのではないでしょうか。

不要物の常習化

　不要物を持ってくるのは一部の生徒ですが，持ち込み自体をいくら指導しても，同じ生徒による不要物の持ち込みが繰り返されます。生徒の側も不要物の持ち込みを続けるうちに罪の意識が薄れていき，「これくらいたいしたことではない」と考えてしまうようになります。

傾向と対策

1 不要物は保護者に返却する

　当たり前のことですが，不要物を持ってくるのはそのほとんどが家庭からです。しかし教師が家庭での生活をすべて管理することは不可能です。よって，不要物の持ち込みをなくすにはどうしても保護者の協力が必要不可欠となります。

第1章 「反社会型生徒・脱社会型生徒」 指導スキル40

そこで,校内への不要物の持ち込みが発覚した場合には,保護者に来校してもらって返却するようにしましょう。こうすることで,保護者に我が子の不要物の持ち込みを認識してもらうことができます。来校した際には,ただ不要物を返却するのではなく,最近の学校での様子や家庭での様子を交流します。不要物を持ち込む動機は様々ですが,その多くは仲間に注目されたいなどの承認欲求にありますから,保護者との面談を通して教師が生徒の内面を探っていく手がかりにできるはずです。もちろんこれらのことは全校単位での統一した指導とすることが絶対条件です。

2 「大事件」として扱う

小学校や前の学年で不要物の持ち込みが蔓延していたような場合には,学年全体の罪の意識が相当に薄れている可能性が高いでしょう。このような状況では,最初に不要物が発覚した段階で学年集会を開き,教師陣が全体で「大事件」として対応していくようにします。もちろん不要物を持ち込んだ生徒の個人名などを明かすことはできませんが,「大事件」にすることで生徒集団に流れている不要物に対する罪の意識を変えていくことができます。

このように集団の空気を変えていけば,その後さらに不要物の持ち込みが続いても,他の生徒による「密告」が期待できるようになります。「密告」された生徒は,再び不要物を持ち込もうにも,いつ誰に見られているかわからないと感じ,これが不要物の持ち込みに対する抑止力として機能するのです。

(髙橋　和寛)

第1章● 「反社会型生徒・脱社会型生徒」 指導スキル40

不要物を持ってくる

　不要物の持ち込み自体を指導しても，なかなか効果は表れません。むしろ隠し方が巧妙になっていくばかりで，事態はより深刻になることすらある，と言えるでしょう。

　不要物の指導は，持ち込んだ事実の指導はもちろん大切ですが，それ以上にその生徒の内面に迫る指導を続けることが重要です。

不要物を持ってくる心理

　不要物は仲間に見せるために持ってくることがほとんどです。つまりそういった生徒は，仲間の関心を引きたい，注目を浴びたいという心理状態にあると言えるでしょう。不要物指導においては，生徒の満たされない思いに寄り添った指導が必要になります。

傾向と対策

1 目立つ仕事を任せる

　不要物を持ち込む生徒は普段なかなか日の目を浴びることがなく，みんなの注目を集めたいと思っている子が多いものです。そこでこういった傾向のある生徒には，周囲の注目を浴びるような仕事を積極的に任せてみましょう。

　合唱コンクールの指揮者のような大役がベストですが，

それが難しいときには旅行的行事で目立つことのできる仕事や規模の大きな掲示物を作る仕事など，誰の目にもその活躍が見えるタイプの仕事を任せます。地道にコツコツというタイプの仕事でも，継続すれば確かに周囲の注目を浴びますが，不要物を持ち込む生徒の多くは継続することが苦手な場合が多く，どちらかというと短期集中型で，しかも成果が誰の目にも見えるものが向いています。可能であれば，年度当初からこういった性質の係を一つ学級につくっておくと良いかもしれません。

2 生徒同士で褒め合う場を設定する

前述の条件に合うような仕事がない場合には，生徒同士が互いの行動を褒め合うような場面を設定しても良いでしょう。菊池省三先生の実践である「ほめ言葉のシャワー」のように，特別に時間を設定して一人を褒めるような時間を設定しても良いですが，それが難しい場合には生徒同士のさりげない活躍を紙に書き，掲示物にまとめていくような実践も効果的です。これなら時間をかけずに取り組むことができるだけでなく，不要物を持ち込んでしまう生徒にこの掲示物を作る係を，任せてしまうこともできます。

不要物を持ち込む生徒が無意識に求めているのは，自分のことを見ていてくれる人がいるという感覚です。このことが実感できれば，負の行動で注目を浴びる必要がなくなり，少しずつ正しい行動で活躍し注目される存在に成長するでしょう。

（髙橋　和寬）

第1章●「反社会型生徒・脱社会型生徒」指導スキル40

備品の破損を隠す

学校の備品の破損は，社会人であれば「公共物破損」に該当する罪です。破損は起きないに越したことはないですが，残念ながら起きてしまった場合には，いかに「隠せない状況」をつくれるかが鍵です。

破損を発見した後の指導の流れ

破損を隠してしまう心理は，やはりその後怒られたりするのを避けたいからだというのが正直なところでしょう。学校によって多少対応は異なると思いますが，担任からの指導の後，教頭などの管理職への謝罪というのが基本線のはずです。繰り返す等悪質であれば，学年からの指導を担任と管理職の間にはさむこともあるかと思います。

傾向と対策

1 担任からの最初の指導機会で関係性をつくる

最初の機会での対応が非常に重要です。カッときてしまうこともあるかもしれませんが，アンガーマネジメントを活用し（すぐにその場で3秒数えてから話しかける。無駄に怒ってしまいそうなときはその場を離れ，冷静になってから話しかける等），担任が常に自制心のある大人として，生徒の模範となる姿で前に立っていたいものです。破損し

てしまった時点で生徒は悪いことをしたことは重々承知です。さらに隠してしまったという状態で担任から叱責などの「強い指導」を受けたらどう感じるでしょうか。いわゆる「逆ギレ」状態となって関係性が崩れ，後々まで指導が通らなくなったり，次に何かやってしまったときに自首してくることが望めなくなります。「怒られた，説教された」ではなく，「次やらないためにはどうすれば良いか，今後どのように生活するのかを一緒に考えた」という印象を生徒がもてれば，次からも素直に話してくれる可能性が高まります。

2 管理職には諭してもらう

やったことのけじめはきちんとつけなければいけません。学校の備品を破損し，お金が関係する事件なのですから管理職への謝罪まで行わせます。学校によって対応は異なると思いますが，破損が頻発してしまう学校では保護者が弁償する場合もあり，慎重な対応が必要です。

生徒にとっては普段あまり接することのない管理職への謝罪。だからこそ，最初は厳しく話したとしても最後には笑顔で諭す。そんなやり方を期待したいところです。

3 学年で指導する

破損を繰り返すなど，悪質な場合は学年指導です。FMCチームワークの原理に基づいて，F役は担任以外の教員が務めることが，該当生徒にとっても学年団にとっても長い目で見ると良い結果となります。この原理について詳しくは堀裕嗣著『生徒指導10の原理・100の原則』（学事出版）をご一読ください。　　　　　　　　　（河内　大）

第1章●「反社会型生徒・脱社会型生徒」指導スキル40

備品の破損を隠す

 担任が破損に気づき，生徒に問いかけたところ「先生，前から壊れていました」と返される。担任も「そんなはずはないんだけど……」と思いながらも，自信がなく強く言えない。こんな経験はないでしょうか？ ここで何もせずにいると，「うちの学校は物を壊してもあまり追及されないんだ」と教えてしまうことになります。

破損を予防できる環境づくりと対応，再発の防ぎ方

 生徒はルールではなく，ムードに従います。学校の備品を大切にする，そして何かやってしまったら素直に申し出る方が良いというムードを4月当初から意識的に醸成しておかなければいけません。

傾向と対策

1 破損を予防するムードづくり

①春休みのうちに教室の写真を撮っておく。

②「みんなの教室」をきれいに使い，後輩へとつないでいくことを年度当初に話す（このとき写真を撮ってあることも言う）。

③日々チェックし，すぐに気がつけるようにする。

④ほとんどの生徒が気づかないような小さな破損でも，す

ぐに直すことを徹底する。

2 破損が起きてしまったら（再発を防ぐムードづくり）

やってしまった生徒が自首せず，周りからの情報も得られず，特に何もできないまま事件は迷宮入りに……。そんな最悪の事態は避けなければいけません。

①しつこく自首を訴える

→この段階で犯人が名乗り出てきたら，きちんと反省させつつも，出てきた勇気を褒めてあげたいところです。

②無記名で情報を書かせる

→情報を出してくれた生徒のことは全力で守らなければいけません。

③「このままで良いのか」と問う

→学級（学年）内の破損の場合には，残念なことですがかなりの確率で犯人は学級（学年）の中にいます。頻発していても何も情報が入ってこない場合には，生徒間に自治の機能がほとんどない状態です。このままで良いのか，破損が頻発する学級（学年）で良いのかと問いかけます。生徒の間で解決できるのが理想ですが，そうでなければ教師の出番だということをわかってもらわなければいけません。

④事件に関する感想を書かせ，破損現場の近くに掲示する

→破損現場付近の雰囲気が変わります。

⑤用務員さんを手伝わせる

→直す側の気持ちを味わった生徒は壊さないことでしょう。

（河内　大）

第1章● 「反社会型生徒・脱社会型生徒」 指導スキル40

窓からゴミを投げる

　私が通学していた中学校は，1年生3階，2年生2階，3年生1階の教室割り当てでした。この割り当てについて，中学校の先輩が当時こんなことを教えてくれました。「昔は上級生の階が上だったらしいけど，机や椅子が落ちてきて大変だったから今の状態になったらしいよ」。この話の真偽のほどはわかりませんが，少なくとも机や椅子が上から落ちてきた時代があったことは事実でした。

　現在，上の階から物が落ちてくることはほとんどありません。年に数回，校内で問題になる程度です。しかし，学校は，基本的に安全な場所であるべきです。窓からゴミ（物を含む）を投げ捨てる行為は未然に防ぎたい事案です。

日常的に行われる行為

　教室内で物を投げている生徒は意外に多いものです。物を投げる生徒は①意図的に物を投げる生徒と，②無意識的に物を投げる生徒に分けられます。どちらの場合も，その行為を見過ごしてはいけません。

傾向と対策

意図的に物を投げる生徒への指導

　意図的に物を投げる行為は，主に休み時間中に見られま

第1章 「反社会型生徒・脱社会型生徒」指導スキル40

す。ゴミ箱に向かってゴミを投げたり，紙飛行機を飛ばしたりなどの行動がそれに当たります。

このような場面を目撃した場合，生徒が楽しそうに遊んでいるため，ついつい注意を怠ることがあります。実際，放っておいてもすぐにその遊びは終わるため，短期的に見れば問題は起こりません。しかし，長期的な目で見れば大問題です。このような行為への指導を怠ると，物を投げる行為が常態化し，遊びの危険度も高まっていきます。こうなると「窓の外にゴミを投げてみたい」といった好奇心が生まれるのも時間の問題です。

物投げ遊びの初期段階であれば，簡単な注意で投げることを止めるため，教師は積極的に声をかけましょう。

2 無意識的に物を投げる生徒への指導

無意識的に物を投げる行為は，主に授業中，生徒同士で物を貸し借りするときに見られます。

このやりとりを防ぐために教師は，生徒が忘れ物をした場合どうすべきかを具体的に示す必要があります。

例えば，物の貸し借り自体を禁止するのであれば，「忘れ物をした場合，先生に報告しなさい。授業中の貸し借りは一切認めません」といった指示になります。一方，生徒を支援するのであれば，生徒が忘れそうな文房具等を複数準備しておき，忘れた生徒にレンタルする方法もあるでしょう。このような工夫をすることで，物を投げる行為を未然に防ぐことができます。

（新里　和也）

第1章●「反社会型生徒・脱社会型生徒」 指導スキル40

窓からゴミを投げる

窓からゴミを投げる生徒は，日常的に物を投げる行為が習慣化しています。相手に物を投げて渡したり，友達に向かって物を投げて遊んだりなどの行動を繰り返しています。教師は，このような生徒に対して反省を促し「物を投げてはいけない」ことを納得させる必要があります。

しかし，「物を投げてはいけない」理由を説明してもなかなか伝わりません。注意した翌日には，また物を投げて遊んでいる……といったこともあります。生徒の印象に残る指導は，何かないのでしょうか。

遊びを取り入れた指導

「投げるな」と言えば投げる。それならば，思い切って教室内で，物投げ遊びを実施してはどうでしょうか。実際，楽しい遊びであれば生徒の印象に残ります。ここでは，遊びと「物を投げてはいけない」という注意喚起をセットで取り入れた指導を提案します。

傾向と対策

1 ゴミ箱シューティングゲーム

私が学級担任をしていたときのことです。ゴミ箱へゴミを投げ捨てる行為が目立つ時期がありました。注意をして

もあまり効果がありません。そこで，授業の隙間時間を使って「ゴミ箱シューティングゲーム」を実施しました。ルールは，紙を丸めて作ったボールを一発でゴミ箱に入れた人が勝ちといったものです。

まずは，「これは本来，絶対やってはいけないことだ」などと前置きをして，ルールを説明します。次に，ゲームを開始し，勝者を決定します。

このゲーム後，注意の効果は格段に上がりました。「あのとき，絶対にやってはいけないって言ったよな。俺の許可なく何投げてるんだ（笑）」などと少し冗談めいた口調で注意をするだけで，同じことを繰り返す生徒を減少させることができました。

2 紙飛行機大会

紙飛行機づくりが学級で流行した場合，注意喚起だけではなかなか指導が通りません。

このような場合も思い切って，紙飛行機大会を学級で実施してみてはどうでしょう。ルールは，「最も遠くに飛ばした人が勝ち」「黒板の的に当てた人が勝ち」などが考えられます。基本的な実践方法は，ゴミ箱シューティングゲームと同じです（注意喚起を忘れずに）。

最近の子どもたちは，日常的に様々な遊びを禁止されています。唯一，思い切り友達と遊べる場所が学校という場合もあります。そう考えると「遊び」と「注意」を連動させたこのような指導も大切だと思うのです。

（新里　和也）

第1章● 「反社会型生徒・脱社会型生徒」 指導スキル40

廊下で怒声を上げる

　複数の小学校から入学してくる新入生を担当すると，入学式から数日間，廊下がとても騒がしい状況になっているのを目にします。ほとんどの場合，別々のクラスになってしまった小学校時代の仲良し同士がたむろします。主な話題は自分の新しいクラスについてです。新入生に限らず，クラス替えのあった２・３年生も同様です。つまり，廊下で怒声を上げる素地は，始業式・入学式の段階から出来上がりつつあることを認識する必要があります。

初期指導の重要性

　始業式・入学式からの数日が経過しました。学年生徒の８割以上の生徒が休み時間になると廊下に出ています。グループをつくりながら，ワイワイとにぎやかです。何事も初めが肝心と，新学期に張り切る先生が，「お前らうるさい！　ここは廊下だ！　たむろするな！　静かにしろ！　教室に入れ！」と怒声を上げて指導しているなんてことはないでしょうか。この段階で初期指導は失敗です。

傾向と対策

マナー指導を徹底する

　新卒の教員はともかく，経験のある教員は事前にこうい

第1章 「反社会型生徒・脱社会型生徒」 指導スキル40

う状況が起こるという予想がつくはずです。しかし，廊下でごちゃごちゃしている生徒を見て初めて指導を始める。これではいけません。まして学級開きから一週間も経たないうちに怒鳴る指導をすることは，今後の学級経営や学年経営に良くない影響を及ぼしかねません。「先生だって廊下で怒鳴っていたじゃないですか」とならないようにする必要があります。

廊下は教室と違い，一般の来校者がいつ訪れるかわからない場所です。時には重い物や危険物を持った業者が偶然通りかかることもあります。ちょっと盛り上がった延長で周りを見ていなかったために，ケガをしたり，痛い思いをしたり，最悪の場合，命に関わる重大な事故が起こる場所なのだと説明しておく必要があるのです。

2　経過観察を徹底する

マナー指導は行いました。次は生徒の様子を観察することです。ごちゃごちゃする状況が改善されたとしても，口笛をふいている，並列歩行をしている，教室でふざけ合い廊下へ逃げ出すなど，放っておくと怒声や危険な行為につながりかねない小さな事象があります。これを見逃してはいけません。ハインリッヒの法則です。教師が笑顔で注意したり，ジェスチャーで指導したり，生活委員を中心に点検したり，呼びかけたり，方法はいろいろとあります。そして，教師も休み時間は職員室に戻らず，可能な限り教室にいたり，廊下を歩いたりしながら，生徒の過ごし方を見守ることが大切です。

（友利　真一）

第1章● 「反社会型生徒・脱社会型生徒」 指導スキル40

廊下で怒声を上げる

廊下や階段は「公の場」です。マナーを守る場所であることは，小学校時代から学んできています。現に，「走らない」「騒がない」「たむろしない」などという目標を一日の学級目標に掲げ，黒板の端に板書されている学級さえあります。つまり，生徒は廊下で騒いだりしてはいけないという認識はもっているのです。

廊下が騒がしくなる理由

授業の準備をし，トイレ等を済ませても，開始まで少し余裕があります。多くの中学校では，他学級への入室は基本的に認められていません。したがって，自分の学級に仲の良い友人が少なく，他学級の生徒と関わりたいと思えば，場所は廊下しかないというのも現状です。また，学級や学年には数名程度「やんちゃ系」の生徒がいます。彼らから廊下での指導が崩れ，最終的に多くの子にも悪い影響が波及していくこともあります。

傾向と対策

1 交流スペースを確保する

先ほど述べたように，多くの中学校では他学級への入室は認められていません。加えて，廊下ではたむろしないよ

うに指導されます。生徒の側からしてみれば,同じ学級の生徒同士の交流はできても,他学級の生徒と交流することが難しくなります。それでも決まりを守って生活できる生徒もいますが,「やんちゃ系」の生徒は,隙を見て決まりを破り,他学級に入り込みます。それを見てまねる生徒も出てきます。

　このような状況を未然に防ぐために,教室の近くにある部屋を「交流スペース」として休み時間に解放します。そして,可能な限り学年所属の先生が1名ずつ輪番で見守る体制を敷きます。もし,空き教室等がなければ,廊下の隅っこにベンチなどを置いて,あえて廊下でのたむろを認めてしまいます。2〜3ヶ所限定したスペースをつくることで,教師の目も行き届き,怒声防止につながります。

2　生徒の手で「廊下のマナー」をつくる

　中学校での欠点は,いくら指導を行っても担任教師間の指導の仕方に温度差が生じてしまうことです。ここはどんなに頑張っても完全一致することはありません。その先生のもっているオーラやキャラクターが影響します。しかし,学年全体が共有する廊下での過ごし方の指導において,差が生じてしまうことはできる限り避けたいものです。また,教師からトップダウンで指導されるよりも,生徒による自浄作用があると効果的です。例えば,「廊下でされると迷惑な行為10項目」などを生徒に作成させて学年集会で共有し,みんなで守ろうと呼びかけることで,迷惑行為を未然に防止していけるものと考えます。　　　　（友利　真一）

第1章● 「反社会型生徒・脱社会型生徒」 指導スキル40

23 外見が変化する

　どの中学校にも，名札にシールを貼る，靴の踵を踏む，アイプチをするなど小さなルール違反をする生徒はいるものです。気がつきにくいルール違反ですが，いち早く気づき対処したいものです。ここでは生徒の小さな外見の変化に気づくための手立てや対処法を紹介したいと思います。

担任だけでは難しい

　中学校において担任が学級にいる時間は朝学活，教科授業，給食，帰り学活くらいしかありません。ですから，担任だけで生徒の小さな外見の変化のすべてに気づくことは難しいのが現状です。

傾向と対策

1 指導しやすい工夫をする

　中学生が髪の毛を染めたり，ピアスをつけたりして登校することは，どこの中学校でも校則違反として規定されているでしょう。しかし，髪留めのゴムの色や上靴の紐の色などの細かい規定はその学校によって異なります。またはそこまでの細かい規定自体がなく，指導のラインが曖昧な学校もあるかもしれません。こういった微妙なところをついてくる生徒はいるものです。そういった生徒を出さない

第1章 「反社会型生徒・脱社会型生徒」指導スキル40

ため、もしくは効果的に指導するためには、年度初めに時間をかけて細かくルールを確認しておくことが重要です。また、それを教室などに掲示するとより効果的です。実際に指導する場面が起きても「最初に確認したよね」や「ここに書いてあるよね」という話ができます。そうなると、生徒も「知らない」「書いていない」「聞いていない」という言い訳ができなくなるので指導がスムーズになるのです。

2 変化に気づく場面を意図的につくる

　生徒の小さな外見の変化は急にやってきます。ある日突然、胸ポケットにキラキラしたペンを入れ始めたり、スカート丈をいつもより少しだけ短くしたりします。些細なことではありますが、これを放っておくと徐々にエスカレートしていくものです。教師も一度指導のタイミングを逃してしまうと、なかなか声をかけにくくなるものです。学校が乱れていく初期の症状とも言えます。そうならないためには日常的に生徒の身だしなみをチェックし、地道に指導する必要があります。朝学活、休み時間、集会時などチェックできる場面はたくさんあります。担任であれば、朝学活中に生徒の顔と髪型をチェックするのを毎日のルーティーンにすれば、見逃すことはないでしょう。また、集会に向かう前に一斉服装点検をする習慣をつくれば、定期的に身なりの確認もできます。点検があるだけで抑止にもなります。こういった取り組みは担任だけでなく、学年教師や教科担任とも連携できるとさらに効果的になります。

（高村　克徳）

第1章●「反社会型生徒・脱社会型生徒」指導スキル40

外見が変化する

　生徒の外見の些細な変化に気づくのは簡単なことではありません。しかし，その小さな変化が生徒のSOSだとしたら，決して見逃したくはありません。教師である以上は生徒をよく観察し，些細な変化に気づき，手を差し伸べてあげたいものです。

外見の変化は心の変化

　生徒の外見が変わるときは同時に心境も変わっているものです。心が落ち着かないときは奇抜な髪型にしたり，目つきが悪くなったりします。また，気持ちが沈んでいるときは表情が暗くなったり，髪がボサボサになっていたりします。

傾向と対策

１ コミュニケーションのチャンスにする

　生徒が髪の毛を切ってきたときや新しい鞄を持ってきたときに，教師が「それ，いいね」と声をかけると大抵の生徒は喜びます。それと同時に，先生は自分のことを気にかけてくれているのだとも感じます。声をかけなくても何も問題はないのですが，こういった些細な変化は生徒と教師がコミュニケーションをとる良いきっかけにもなります。

第1章 「反社会型生徒・脱社会型生徒」 指導スキル40

2 人間関係を象徴する

　仲の良い女子グループが鞄に同じキーホルダーをつけることがあります。しかし，一人がある日を境にそのキーホルダーをつけなくなったとしたら，グループから仲間外れにされていたり，ケンカをしていたりする可能性があります。こういったタイミングで声をかけることができればトラブルや不登校を未然に防ぐことができるかもしれません。生徒を観察するときに，そういった視点をもつことも実は大切なのです。

3 心に寄り添う

　髪の毛を染めてきたり，スカート丈を短くしてきたりする生徒に対して，頭ごなしに指導するのも一つの方法ですが，そういった強引なやり方ばかりではうまくいかないこともあります。生徒には生徒なりにルールを破る理由があるのです。生徒の言い分をしっかりと聞いたうえで指導するという方法も時には有効に働きます。中学生はまだ子どもですから非常識な言い訳をするかもしれません。しかし，それを一旦受け止めたうえで，何が悪いのか，何を目指すべきなのかを丁寧に教えてあげることで，反抗的な生徒も素直に聞き入れることができるものです。強めの指導は副担の先生や学年の指導部の先生に担当してもらい，担任は生徒の心に寄り添うような指導ができると良いでしょう。こういった指導の場面で，担任は生徒の味方であり，支援する立場であるということを示すことができれば，信頼関係も深まっていくものです。

（高村　克徳）

外見が変化する／ソフト編

第1章●「反社会型生徒・脱社会型生徒」指導スキル40

25 名札をつけない（見えないようにする）

入学したばかりの1年生が意図的に名札をつけないということはほとんどありません。しかし，学校生活に慣れ，緊張感がなくなってくると，名札をしなかったり，見えないようにしたりする生徒が出てくるものです。

教師にも原因

生徒の緊張感が薄れていく原因は教師にもあります。生徒の気持ちが緩んだときに同時に教師の気持ちも緩んでしまい，歯止めがきかなくなることが往々にしてあるのです。

傾向と対策

1 非行の初期症状と捉える

名札をつけないということ自体はそれほど大きな問題ではないと思われがちです。つければ解決するし，ただ単純につけ忘れたというケースもあります。しかし，わざとつけていなかったり，わざと見えないようにしたりするのであれば問題です。これを非行の初期症状と捉えるべきなのです。そのまま放っておくとネクタイをつけなくなったり，スカート丈を短くしたりなどエスカレートしていく可能性が大いにあります。ですから初期症状が出たらすぐに対処する必要があるのです。

2 見逃さないための工夫をする

　名札をつけていない（見えないようにしている）生徒を見逃さないためには，意図的にチェックする機会をつくることをおすすめします。特に，他人の外見の変化に気づくのが苦手なタイプの人（男性教諭に多い）は意識的にチェックする習慣をつける必要があります。それほど難しいことではありません。朝学活の時間に生徒を見渡すだけで簡単にチェックすることができます。30秒もかかりません。もし，朝に読書の時間を取り入れている学校であれば，生徒が読書をしているときに見渡すこともできるでしょう。また，班の中で毎朝身だしなみをチェックし，担任に報告するというシステムを敷くという方法もあります。名札だけに限りませんが，朝の段階でチェックをして改善させることができれば，生徒も身だしなみを乱しにくくなるものです。

3 予備を用意しておく

　名札をつけていない生徒に気づくことができても，つける名札がなければあまり意味はありません。他の生徒が見たときに真似をする可能性もあります。もし，生徒の名札の予備を担任が常備していたらそういった事態を避けることができます。学校によって名札の形やつけ方は違うと思いますが，多くの場合，入学時に予備も含めて二つ買います。そのうちの一つを学校が預かり，担任で保管しておきます。そうすれば，名札をつけていない生徒にすぐに渡すことができます。

（高村　克徳）

第1章● 「反社会型生徒・脱社会型生徒」 指導スキル40

26 名札をつけない（見えないようにする）

　そもそも中学生に名札は必要なのでしょうか。大人の世界ではどうでしょう。名札をつけている職業と言えば，例えば飲食店やスーパーなどの従業員です。こういった仕事は初対面の人と接する機会が多いので名札が必要になるのです。接客業であれば，あだ名の名札をつけることでお客さんから親しみをもってもらえるという利点もあります。中学校においても当然名札をつける意味はあるのです。

中学校において名札をつける意味

　中学校において名札をつける大きな理由は教師が生徒の名前を確認するためです。生徒の名前を確認する場面は様々あります。特に生徒指導の場面では重要な役割を果たすので名札指導は実は大切なのです。

傾向と対策

1 名前だけを確認して報告する

　例えば，名前のわからない他学年の生徒がピアスをつけているのを校内で発見したとき，その場で指導はせず，担当の学年の教師に報告することがあります。その際に名札があると，その生徒に話しかけずに，名前を確認し，学年の教師に伝えることができます。これにより，第1発見者

を担任にすりかえることができます。ちょっとした生徒指導のテクニックですが，その学級の経営に役立ちます。

2 恥をかかせる

名札を忘れた生徒への指導の方法はいろいろあります。厳しく注意するやり方もありますが，名札の指導くらいで厳しく注意するのは少し窮屈な感じもします。そこで有効な対応策として，代わりの名札で恥をかかせるという方法があります。名札を忘れた生徒には担任特製の名札をつけます。最初は布ガムテープに名前を書き，胸に貼ります。忘れる回数が増えるたびにサイズが大きくなったり，素材を変えたりします。目立つので名札を忘れたことを周囲に知られて恥をかきます。名札をしていない（忘れる）と恥ずかしい思いをするという構図が生徒に浸透すると，生徒は名札をつけるようになるものです。

3 家庭と連携する

名札を失くしてしまい，買おうとしているが，親がなかなか動いてくれないというケースがたまにあります。こういった生徒は学校では毎日のように教師に注意され，家では親に言っても取り合ってくれないという板挟みの状況にいます。こういうときに担任が保護者と連絡をとり，状況を説明してあげることで生徒を救うことができます。また，単なるわがままで名札をつけない生徒の保護者へも同様に学校での状況を伝えると良いでしょう。家庭と学校が連携することで効果的な指導ができるものです。

（高村　克徳）

第1章● 「反社会型生徒・脱社会型生徒」 指導スキル40

スカート丈を直さない

ハード編

　スカート丈の長さは校則で定められている場合が多く，私たち教師は，その基準をもとに指導を行います。私たちは「校則を守ることは当然のことである」という前提で指導に当たるわけですが，時折，生徒・保護者から「スカート丈くらいいいじゃないか」といった指摘を受けます。

　このような指摘に対して，どのような答えがあるのか。様々な答えが存在すると思いますが，私は「集団の秩序」がキーワードだと考えています。

スカート丈指導の意味

　私たちは，生まれた頃から多くのルールに守られて生活してきました。そのためなのか，ルールをあからさまに守っていない人間を見るとその環境に不安を感じます。また，「ミニスカ＝不良」といったイメージが強いため，ミニスカは，他者に恐怖感を与える怖れがあります。

傾向と対策

指導事項の統一

　4月当初の学年会議で，スカート丈の基準や，指導の際どこまで指導するのか（簡単な声かけでいいのか，スカート丈を直すまで徹底的に指導するのか）を確認しましょう。

第1章 「反社会型生徒・脱社会型生徒」指導スキル40

この認識が教員間でずれていると生徒に隙を与えることになり，「あの先生はよかったのに……」「あの先生は直せって言わなかった」といった生徒からの反論にもつながります。このような反論が出始めると，教師の指導が生徒にうまく通らなくなるため注意が必要です。

2 教員間の役割分担

最近の子どもたちは，非常に繊細であり，強めの指導を受けるとその教師との人間関係に亀裂が入るケースがあります。そのため，ミニスカ生徒の担任は，基本的に諭すタイプの指導を心がける必要があります。

しかし，諭すタイプの指導だけでは，指導がなかなか通りません。このような場合，担任以外の教師が強めの指導を入れる必要があります。この強めの指導は，その生徒だけに機能するわけではなく，学年全体に「ルールを守ることは大切だ」という雰囲気を醸成する効果をもちます。

3 複数の教師による指導

スカート丈をなかなか直さない生徒に対し，一人で対応することには限界があります。休み時間等の巡視体制を決め，ミニスカ生徒に気がついた教師が注意する。その注意になかなか従えないようであれば，周りの教師が指導に加わるなど徹底しましょう。こうした動きは，学年の生徒に「先生たちは協力して指導するんだぞ」といったメッセージにもなります。

（新里　和也）

第1章● 「反社会型生徒・脱社会型生徒」 指導スキル40

スカート丈を直さない

スカート丈を短くしている生徒への指導には，時間を要します。大抵の場合，「直せ」「嫌だ」「直せ」「別にいいじゃん」の繰り返しになるからです。このような指導を行って，最終的にスカート丈を直すのなら良いのですが，なかなか直さないのが現状ではないでしょうか。

しかし，時折，彼女らがスカート丈をすぐに直す場合があります。本人の気分的なものもあるのでしょうが，その背景に何があるのでしょうか。

生徒がミニスカを直すとき

私は，生徒が教師の指導に「満足感」を覚えたとき，すぐに指導に従うと考えています。この満足感の中には，「納得」・「笑い」・「帰属意識」といった要素が含まれます。教師は，これらの要素を満たす指導を考え，実践しながら，スカート丈を直しやすい雰囲気をつくり出す必要があります。

傾向と対策

1 ユーモアを交えた指導

私が，ミニスカ生徒Aを担任したときのことです。当時所属していた学年には，「学年集会の場に服装を乱してい

る生徒は入れてはいけない」というルールがありました。そのため、学年集会の日は、生徒Aを集会に入れるべく毎回のように闘いました。「直しなさい」「無理」「早く直して」「やだ」……。ひどいときは、丸々1時間を指導に費やすこともありました。

ところが、ある日の学年集会でのことです。いつものように私が生徒Aに対して指導を行っていると、生徒指導の先生が顔を出して一言「スカート直さないと、新里先生に壁ドンされちゃうぞ（笑）」。すると、生徒Aは「嫌だ。キモい。だったら直す（笑）」と言ってあっさりとスカート丈を直し、集会へ参加しました。

それ以来、生徒Aは同様の指導でスカート丈を直すようになりました。このように、生徒が指導を面白いと感じれば「スカート丈を直しても良いかな」と思えるようになるのです。

2 仲間の働きかけ

学級に対する帰属意識に働きかける指導として、学級の仲間からの声かけが挙げられます。教師の指導に対しては、拒否反応を示す生徒でも、クラスメイトが「まだスカート短くしてるの？　直せばいいじゃん」「スカート直して一緒に集会に入ろうよ」などと投げかけると素直に直すケースもあります。

担任と学級の仲間たちが一丸となって、ミニスカ指導に当たることもお勧めです。

（新里　和也）

第1章● 「反社会型生徒・脱社会型生徒」 指導スキル40

腰パンにする

　周りの生徒への影響を考えると「ダメなものはダメ」と強く指導したいところですが，頭ごなしの指導ではなかなか改善しない実態があります。ならばⅠメッセージで我々の思いを伝えながら，あせらずじっくりと，ただし確実に改善するよう策を講じていきます。教師の直接的指導で変えていくのでなく，生徒たちの世界観を広げ，意識を変えていく指導で改善していくイメージです。

制服の意義を説く

　一般的に制服は，同じものを着ることで所属する学校を特定し，帰属意識をもって協力したり助け合ったりすることが主目的です。さらには，社会に出てからのドレスコード（服装規定）の理解にもつながっています。なぜ制服があるのか，なぜ守らなくてはならないのか，学年で見解をもち，統一した指導を行っていきます。

傾向と対策

1 「制服」から「フォーマル・ウェア」へ

　「制服」というと学校や会社など小さな社会の中での決め事といったイメージがありますが，この枠組みを超えたもっと大きな社会のルールやマナーであると認識させ，生

徒の世界観を広げていきます。

「フォーマル＝公式的・形式的，儀礼的（装い）」というように，中学生は卒入学式などの儀式的行事はもちろん，個人的な冠婚葬祭などでも制服を着用しており，制服は中学生にとってフォーマル・ウェアと言えます。

そしてファッションの常識として「フォーマル・ウェアに着崩しはあり得ない」ことを伝えます。事実，大人社会における冠婚葬祭で腰パンはもちろん，ネクタイを緩めている人さえ見ることはまずないはずです。制服＝フォーマル・ウェアの着崩しはカッコ悪いという意識を育てていきます。

2 静かに追い込む

やんちゃ系生徒の勢力は，同調してくれる仲間が減ってくると衰えます。同調勢力＝取り巻き生徒を切り離していくことで勢いを削いでいきましょう。周りを成長させて「いつまでバカやってるんだ……」という感じになればベストです。

男子は「カッコ良さ」に敏感です。これを利用して「直せ」ではなく「カッコ悪いぞ」という言葉で，変容を促します。マドンナ系の女子に「カッコ悪いよ〜」と協力してもらうと効果が上がります。さらに，「君はその服装で高校受験するんだよね？　入試の日だけきちんとするなんて，カッコ悪いこと絶対しないよね」という具合に静かにそっと追い込んでいきます。

（高橋　勝幸）

第1章● 「反社会型生徒・脱社会型生徒」 指導スキル40

腰パンにする

ハード編で「腰パン指導はソフトに追い込む」と提案しましたが、ソフト編ではさらに指導の色合いを抜き、いじりながら変えていく意識をもちます。教師側もストレスを感じず、楽しみながら少しずつ変えていきましょう。

メッセージは何か考える

生徒は腰パンによって何を伝えたいのか、どのような心理が腰パンとして表出しているのか考えます。反発なのか、自己主張なのか、周囲への同調なのか……。このステップを踏んでいるか否かは敏感に生徒に伝わります。

傾向と対策

1 空気をつくる

どの学校にも生活委員会があると思います。生活委員会でポスターを作成・掲示して、「カッコ悪い」「恥ずかしい」といった空気を醸成していきます。「腰パンは規則違反です!」といったストレートな物言いは通じませんし、さらに意固地にさせてしまうこともあります。ソフトに「腰パンは、オシャレじゃない」とか、「床掃除、いつもありがとう(裾を引きずっている)」といったように、自分の格好をメタ認知させるような言い回しをしていきます。

第1章 「反社会型生徒・脱社会型生徒」指導スキル40

写真に撮って日本人の胴長短足体型を強調してしまっている姿を見せるのも効果的です。

　以前ファッション業界の方をゲストティーチャーに招いて講演してもらった際のまとめの一言。「清潔感のある服装が一番。中学生は何を着ても似合う時期だからこそ，どんな服装が求められているのかを考えた服装をすることが大事。これこそファッションセンスです」。この一言の影響力は本当に大きいものでした。

❷　いじり倒す

　二人（できれば若い男性教師と）でペアになって腰パン生徒をいじります。腰パンにしている生徒に笑顔で近づき，「ズボン，上げてあげるよ～」などと言いながら，二人でズボンの左右，もしくは前後を掴んで持ち上げます。お神輿を担ぐようにかけ声を出して「せ～の～っ！」とか「ワッショイ」とか言いながらズボンを引き上げます。楽しい雰囲気の中での指導になりますが，生徒の反応を見ながら，やりすぎないように注意しましょう。

　また，逆にズボンをズリ下げるというのもあります。「どんなパンツ穿いているんだぁ」とか言いながら，パンツをのぞきこみます。生徒は「もぉ～なんだよ～」と反応しますが，「だってパンツ見せたいんだろう？」と返します。いじりながら腰パンを直すきっかけを与え，仕方ないから直した，先生がしつこいから直したという状況をつくっていきます。

（高橋　勝幸）

第1章● 「反社会型生徒・脱社会型生徒」 指導スキル40

31 髪をしばらない

校則は生徒にとって、理解しがたいものも多くあります。理解しがたい理由の多くは、必要性を感じないことや、将来に役立つイメージに結びつかないことが挙げられます。なぜこの校則が作られたのか、生徒とじっくり話をし理解させることが必要です。

校則の必要性を理解させる

「中学生らしい」という言い回しの校則を目にすることがありますが、生徒にとっては自分自身が中学生なのですから、その時点で「中学生らしい」のです。今の自分の髪型が、らしくないとは考えません。そこで、髪をしばらないことでの危険性や相手に与えるイメージを具体的に指導し、理解させることが必要です。

傾向と対策

1 危険性、必要性を語る

髪型に関する校則の目的は、視野の確保、視力低下への配慮、教科での危険性の回避、清潔感の維持などが挙げられます。

生徒の多くは、校則の存在は理解しても理由まで考えることは少ないでしょう。「校則なのだから、髪をしばりな

第1章 「反社会型生徒・脱社会型生徒」指導スキル40

さい」と言う前に，その生徒にとって必要となる理由を語ることが大切です。「体育で髪を踏まれたら，ケガするよね」といった具合にその日の出来事に絡め，具体的な声かけをしましょう。その後，校則ができた理由を説明しても遅くはありません。校則が自分を守るためにあるということが理解できると理想的です。

2 学年で専門の教師をつくる

　髪をしばることについては，男性教師にとって苦手な指導内容かもしれません。校則の必要性は性別に関係なく指導できますが，生徒が髪をしばることを素直に聞き入れる言い回しは，難しい場合があります。そこで，学年にいる女性教師の力を借りるのも良いでしょう。

　校則の堅い話の後，「○○先生のところへ行っておいで」と送り出します。女性教師は髪をしばるゴムを用意し，にこやかに待ちます。ゴムはできるだけ，生徒たちが使用しているものと同じものが良いです。質，太さ，大きさ違いで3種類ほど用意することをおすすめします。さらに，かわいい絵柄の入れ物に入れることで，印象が和らぎます。「しばらない」という選択肢がなくなった女子生徒に，「ゴムを選ぶ」という選択肢を与えることにより，自分からしばる意識をもたせます。しばり終えるまでそばで「すっきりしてかわいいよ」と声をかければ，少し傷ついた乙女の気持ちも和らぐでしょう。生徒にとって，髪をしばることが罰のようにならない配慮が必要です。

（長尾　由佳）

第1章● 「反社会型生徒・脱社会型生徒」 指導スキル40

32 髪をしばらない

校則の中で「髪をしばる」という項目は必ずといって良いほどあるでしょう。しかし，思春期の女子には何とも理解しがたい校則なのです。「おしゃれにして何がいけないのだろう」「かわいくなりたい」という思いは当たり前であり，見方によっては微笑ましいものです。

TPOの必要性を理解させる

生徒の気持ちを理解することは大切ですが，中学校で学ぶべき事柄をしっかり指導したいものです。生徒は現在の狭い世界のイメージしかもつことができません。将来の話をしてもピンとこないでしょう。そこで，いかにTPOが将来必要になるか理解させ，行動に結びつけていくことが大切です。

傾向と対策

1 相手が受けるイメージを想像させる

一昔前は「学校は勉強するところであり，おしゃれをするところではない」といった台詞を耳にすることもありました。しかし，生徒にとって学校という世界は生活の大半を占める重要な世界です。多くの目がある学校で，女子生徒がおしゃれにしたいという気持ちも理解できます。

第1章 「反社会型生徒・脱社会型生徒」 指導スキル40

そこで，学活や道徳でTPOについて学ぶ機会をつくりましょう。その場に応じた立ち振る舞いや服装の大切さは，社会に出てからはもちろん，高校入試の場面でも役立ちます。ここで大切なのは，相手にどういった印象をもたせるかということです。「〇〇に見られるよ」といった警告も効果がありますが，「〇〇な感じに見せると良いよ」といった，自分にプラスになるような指導をすることによって，行動に結びつくことが期待できます。学級の中で「TPO」という言葉を気軽に使える雰囲気をつくりましょう。

2 気持ちに寄り添う

指導の際に大切にしたいのは，生徒の思いを理解し，その上に指導があるということです。自分をわかってくれないと思っている大人の言葉に，生徒は耳を傾けません。

どうして髪をしばりたくないのか，何を大切にしたいのかをよく聞いてあげることが必要です。生徒なりの価値観をもって行動していることが多く，それらを否定しないで指導をしていきます。多くは「ストレートでさらさらの方が，おしゃれでかわいく見える」といった単純な思いかもしれません。しかし，この思いを「なるほどね。芸能人でも多いし，あこがれるよね」と受け止めたうえで「でも，校則に違反しないしばり方で，かわいいしばり方はないかな？　決められた中でおしゃれをしている人って，すごくかっこいいと思うよ」など，多少時間はかかりますが，一緒に考えていく姿勢で行うのも良い方法です。

（長尾　由佳）

第1章● 「反社会型生徒・脱社会型生徒」 指導スキル40

茶髪・ピアスをする

普段の服装が乱れてきたり，言葉遣いが荒くなってきたり，挨拶をしなくなったりするなどの行動は，生徒が茶髪にしたり，ピアスをする前兆であったりします。単に，興味本位の場合もあります。理由はいろいろと考えられますが，「事前指導」が生命線だと意識することが大切です。

茶髪やピアスをする前兆「サイン」

茶髪やピアスをする生徒には，必ず小さな変化が起きています。日常生活の小さな乱れの「サイン」です。例えば，上靴の踵を踏みつぶす，シャツをスラックスから出す，ジャージの上着のチャックをお腹付近まで下げる，腰パンをする，スカート丈が短くなっている，ワイシャツを第二ボタンまで外す，前髪で目が隠れているなどがあります。

傾向と対策

1 「事前指導」は，予防指導と意識する

事前指導の前に，全職員が共通して指導できる方法を確認しておきましょう。全職員の共通した認識がないと，ルールは曖昧になってしまうからです。その上で，全校集会や学年集会を通して，全職員で繰り返し「茶髪」や「ピアス」は認めないと注意を促しましょう。もちろん，そのよ

第1章 「反社会型生徒・脱社会型生徒」指導スキル40

うな状態で登校したとき，学校側の対応（別室対応など）も伝えます。また，なぜ「茶髪」や「ピアス」はだめなのかを伝えられるとなお良いです。例えば，茶髪にする染毛剤には少なからずとも毒性があり，それがアナフィラキシーショックによる呼吸困難や，アレルギーなどの病気を引き起こしやすいこと（黒染めの場合も同様であること）。ピアスに関しても，耳に穴を開けるのは医療行為であること。言い換えれば，友達や先輩，アクセサリー販売員が耳に穴を開けるのは，違法行為であることを，事前に伝えることも大切です。

2 「事中指導」は，繰り返し何度も直させる

全職員が，茶髪やピアスをする前兆となる乱れの「サイン」を見つけては，その場で繰り返し何度も直させることです。見つけられずにいたり，指導を後回しにしたり，注意や声かけをやめると，生徒は直さなくなるからです。

茶髪にしてきたら，いつまでに黒く直すのかを約束させます（できれば即日中に直させる）。ピアスは外させて教師が預かります。そして，いつ，どこで，誰と，誰が穴を開けたのかを確認します。どちらの場合も二度としないことを約束させましょう。また，保護者にも必ず連絡をいれ，学年主任の先生や生徒指導部の先生とともに家庭訪問に行くことをお勧めします。複数体制で取り組んだ方が，生徒を大切にしているという思いが伝わりやすいからです。

（北原　英法）

茶髪・ピアスをする／ハード編

第1章● 「反社会型生徒・脱社会型生徒」 指導スキル40

茶髪・ピアスをする 〈ソフト編〉

　大型連休前や夏期・冬期休業前に，学年集会などで茶髪やピアスに関する事前指導がよく行われます。しかし休み明けには，事前指導の効果もむなしく，茶髪やピアスをしてくる現実に直面することも多いのではないでしょうか。

茶髪やピアスに対する二つの指導

　一つ目は，校則を破ったことへの指導。つまり，茶髪やピアスを直させる指導です。この指導は，生徒が素直に直さない場面も予想されます。もう一つは，生徒の内面理解に向けた指導。つまり，なぜ校則を破ったのかという生徒の背景に迫り，直させていく指導です。

傾向と対策

1　存在を認められていることを意識させる

　茶髪やピアスをする生徒に「今の自分をどう思っているのか」と尋ねると，「嫌い」と答える生徒が多いように感じます。そのような生徒たちの内面は，自分自身に自信がもてない，自分を認めてほしいなどの気持ちが考えられます。どれも自己有用感が低いのが原因です。ほとんどの場合，親の愛情不足やほぼ放任されている状態です。自己有用感が低いのは，当然です。まずは，教師が普段から挨拶

や声かけを行い、生徒の存在を認めていきましょう。もし髪を黒く戻す、ピアスを素直に外した場合は、それなりの覚悟を決めた行動の表れです。ですから、必ずその行動自体をほめ、その気持ちを認めて、生徒の自己有用感を高めましょう。

2 級友からの評価を意識させる

「黒い髪の方が良いね」「今の方がすごく似合っているよ」などの級友の声かけが、とても効果的です。茶髪やピアスをする生徒は、なかなか素直には直せないのです。しかし、級友による声かけが、自分の茶髪やピアスを直させるきっかけになることもあります。このような級友の一言は、説教じみた教師側の説諭よりも何十倍も有効です。

3 雰囲気づくりを意識させる

生徒たちが自分たちで決まりを守っていこうという学級や学年の雰囲気をつくり上げることが大切です。例えば、茶髪やピアスをする「背景」や「気持ち」について、生徒に考えさせ、話し合わせます。それにより、生徒たちは、他人事ではないと考え始めます。もし学級に茶髪やピアスの生徒が現れても、排除ではなく、一緒に過ごすために何ができるのかを考えるようになります。そんな思いやりある学級の雰囲気が出来上がると、茶髪やピアスの生徒は、その思いを敏感に感じ、その思いに応えていくのです。

（北原　英法）

第1章● 「反社会型生徒・脱社会型生徒」 指導スキル40

35 不潔である
（歯を磨かない・においなど）

制服についた煙草のにおいがとれない。ペットである犬や猫の毛やにおいが染みついている。洗濯の生乾きのにおいがする。こうした生徒は口臭や体臭でなんらかのにおいを発しています。

このような生徒が机を離されたり，露骨に嫌な顔をされたりする。いじめにつながりかねないこの問題は早期に手を打たなければなりません。

家庭の協力が得られない

においの問題は，本人だけの努力では解決しにくいものもあります。さらに，こういったケースでは，家庭の協力を得られないといったことも少なくありません。

どんなにお願いしても改善の様子が見られない，となると，学校でできることを考えていくべきでしょう。

傾向と対策

1 伝え方に配慮する

毎日風呂に入る習慣がない，あるいは衣服に生活臭が染みついている。そういった生徒の多くはすでにそのことが小学校でも問題となっているはずです。小学校からの引き継ぎ事項にも挙がってきていることでしょう。

しかし，小学校ですでに挙がっていた問題だからといって，何の配慮もなしに，すぐに本人に話してしまうことは，あまりにデリカシーがありません。ともすれば，そのことが原因で不登校になることだって考えられます。よほどのことがない限り，この問題は慎重に扱うべきです。もしもその生徒が異性であれば，学年の先生に当たってもらう方が良いでしょう。においの問題は，とてもデリケートな問題です。

2 制服を保管する

現在は，除菌消臭剤などが充実しているので，それらを使って別室でにおいを落とすのも一つの方法です。しかし，においの原因は家庭にあることがほとんどです。学校でいくら消臭しても，一晩家に置いておけば，元に戻ってしまうことは火を見るよりも明らかです。そこで，せめて上着だけでも学校に保管してはどうでしょう。あるいは，学校生活では貸し出し用の制服に着替えさせるのも一つの手段です。夏場はデオドラントシートなどを使って，汗の対策もしっかりと行う必要があります。

また，口臭対策としては，昼休みなどを利用して，歯磨きをさせます。理科室や調理室など人目につかない水道を確保することができれば可能です。このように，家庭に期待するばかりではなく，指摘だけにとどまらず，積極的に対策を講じ，ともに解決するといった姿勢が大切です。

（渡部　陽介）

第1章● 「反社会型生徒・脱社会型生徒」 指導スキル40

36 不潔である（歯を磨かない・においなど） ソフト編

においの問題は，とてもデリケートな問題です。他人に「臭い」と言われて，気持ちのいい人はいないでしょう。しかし，自分のにおいというのは，自分では気づきにくいものです。その結果，自分で気づいていないことを他人に指摘されるということになり，指摘された本人はいたく傷つくことになるのです。

臭いものには蓋をしない

こういった問題をタブーのようにして扱うことには賛成しかねます。例えば，席を離している生徒に対して頭ごなしに指導する。誰もが「臭い」と思っていても，それを絶対に口にしてはいけないような雰囲気をつくる。こういった教師が有無を言わさず，圧力をかけるような指導は中学生に対して有効だとは言えません。

傾向と対策

1 問題を共有化する

「どうして机を離すんだ。自分が同じことをされたらどう思うんだ」。それは確かに正論です。でも，臭いのは誰でも嫌なものです。机を離す生徒は，臭いのが嫌で机を離すのです。おまけに，「臭い」と訴えることも許されませ

ん。机を離すことで指導される生徒にしてみれば，あまりに理不尽ではないでしょうか。

　次第に，口臭や体臭がきつい生徒は腫れ物のように扱われていく。これでは，問題の解決になりません。こうしたことは，個人の問題にしてしまうと，なかなか解決の糸口が見つかりません。しかし，問題を共有化できれば，あまり気を遣うことなく対処することが可能になります。デオドラントシートや消臭剤の使用が学校で禁止されていたとしても，例外的に使用することが可能になります。なぜなら，それがみんなの幸せにつながるからです。

2 解決を急がない

　もちろん，問題を共有化することは，リスクのあることです。そのことが原因で些細なトラブルも起こるでしょう。その煩わしさに負けて，ついつい臭いものに蓋をするような指導に陥りがちです。しかし，それは教師がつくった歪んだ社会ではないでしょうか。その中でだけ通用するルールに守られているだけではないでしょうか。

　本来「臭いものはみんな嫌」です。だからこそ，最低限のエチケットというものがあります。不潔が原因でにおいを発している生徒は，こうしたエチケットを身につけていく必要があります。また，周囲の生徒にはにおいのことだけではなく，多角的に他人を評価し判断していく力を身につけさせたいものです。そのためには，傍で見守り一緒に問題を解決していく姿勢が必要です。

（渡部　陽介）

第1章●「反社会型生徒・脱社会型生徒」指導スキル40

37 生活リズムが崩れている

担任が教室に入り,日直が号令をかける。「起立!」しかし,その生徒は机に突っ伏したまま,微動だにしない。「○○君」と見かねた担任が声をかける。すると,いかにも気怠そうに,ゆっくりと席を立つ。そして「おはようございます」の挨拶を言い終えるや否や,崩れるようにしてまた机に突っ伏す。特別反抗的というわけでもないのに朝はいつもこんな感じ。おそらく,夜更かしが原因でしょう。

さらにエスカレートすると昼夜が逆転し,遅刻を繰り返すようになり,終いには休みがちになってしまいます。

不登校の原因

社会への適応力の低い,いわゆる非社会型の生徒であっても,非行傾向の強い反社会型生徒であっても,不登校の理由の一つに,生活リズムの崩れが挙げられます。

両者に対して,同じアプローチをすることは考えられませんが,問題の本質は変わりません。

傾向と対策

1 家庭の協力を得る

現代の中学生において,夜更かしの原因として真っ先に考えられるのが携帯電話です。LINEに代表されるSNS

第1章 「反社会型生徒・脱社会型生徒」 指導スキル40

や携帯ゲームに興じて、そのまま朝を迎えるケースも珍しくありません。

まずは、夜間の携帯電話の使用について何らかのルールを設定する必要があるでしょう。これには家庭の協力が必要不可欠です。携帯電話を使える時間帯、使用する場所など、しっかり話し合ってルールを決めるようにしましょう。個人懇談などで担任も間に入るとスムーズに進められます。

2 生活リズムをリセットする

昼夜が逆転していることで、登校がままならないわけですから、どこかでリセットし、仕切り直す必要があります。

朝迎えに行くのも一つの手段ではありますが、これは誰にでもできることではなく、毎日迎えに行くとなると教師の負担もかなり大きいものになってしまいます。負担の大きいものは長続きしないのが定石です。ましてや、子育てや介護によって、始業前にその時間を確保できない人もたくさんいることでしょう。

そこで、まずは朝電話をするところから始めましょう。欠席や遅刻連絡が入る前にこちらから本人に電話するのです。連絡がついたら、始業に間に合わなくても登校させます。昼夜逆転をリセットするには昼間寝かせないことが大切です。学校に来れば、寝ないで過ごすことができます。はじめは登校が放課後になったとしても、少しずつ登校時間を早めていくことで改善が見込まれます。

（渡部　陽介）

第1章● 「反社会型生徒・脱社会型生徒」 指導スキル40

38 生活リズムが崩れている

朝起きられない生徒を電話で起こす。あるいは，授業の空き時間に，家まで迎えに行く。こういった働きかけは，最初の数回は高い効果を発揮します。しかし，一過性で終わってしまうことも少なくありません。

携帯電話に依存しているだけの軽い症状であれば（携帯電話依存そのものを軽視しているわけではありません），解決するかもしれませんが，本人が生活リズムを整えたいと思う気持ちをもたなければ，結局は不毛な取り組みに終わってしまいます。

登校する意義を見出す

昼夜逆転生活が末期症状に陥ってしまい，登校状況がままならない生徒の多くは，登校する意義を見出せないということがしばしばあります。この問題を解決することが，生活リズムの改善につながります。

傾向と対策

1 反社会型生徒の場合

何とか頑張って学校に来ても，授業では何をしているのか，さっぱりわからない。先生方は，ことあるごとに服装のことばかり指導してくる。どうせ学校に来たって，面白

第1章 「反社会型生徒・脱社会型生徒」指導スキル40

いことなど何もない。反社会型の生徒の中には，こう考えている生徒もいます。教師側が学級運営上，あるいは学年運営上，そういった生徒を持て余している場合は特にこういった思いは強くなるでしょう。つまり，周囲への悪影響を懸念して，一線を画して扱いたいと思っている場合です。こうした教師側の考えは，周囲の生徒にもおのずと伝わり，生徒も反社会型の生徒を腫れ物のように扱います。

やはり教員は，逸脱するような「行為」を指導しながらも，「人」は受け入れるという基本スタンスを貫き，その姿勢を周囲に見せるべきです。そうすることで，周囲もその生徒を少しずつ受け入れ，居場所がつくられていくのです。

2 非社会型生徒の場合

対象が非社会型生徒の場合は，周囲とのコミュニケーションがうまくとれない場合が多く，登校する意義を見つけることは困難です。そもそも現実逃避するための手段として昼夜逆転の生活を選択している場合も考えられます。このような場合，積極的に働きかけて登校を促すことが必ずしも良い結果につながるわけではありません。

教師の思いとして，「学級全員が集まる日を一日でもつくりたい」「旅行的行事くらいは参加させてあげたい」という思いがあるのはわかりますが，当の生徒にとってそれが大切なことだとは限りません。ゆっくり時間をかけて，本人の気持ちを汲むこと，そのうえで進路について考えながら，少しずつ登校を促す方が良いでしょう。（渡部　陽介）

39 言葉遣いが乱れている

ハード編

「死ね」「消えろ」などの乱暴な言葉を，生徒はあまりその意味を考えずに使っていることさえあります。ですから学校では，まず大人である先生方が，生徒が使っている言葉に意識を向けることが大切です。

言葉遣いが乱れ始める生徒の会話

「あいつ死んだの？」「うん，（むかついたから）殺しちゃった」という生徒間の会話。この会話はゲームの話をしている場面です。この会話から，「死ぬ」，「殺す」などの乱暴な言葉が，日常的に使われる環境にあることがわかります。ひどい場合には，対友人，対教師にも，そのような言葉を平気で使っている場面を目にします。

傾向と対策

1 教師間で言葉の指導基準を確認し合う

言葉の指導を行うには，教師間である程度共通した指導が必要です。例えば，生徒への敬称です。授業中には必ず「～君／さん」をつける教師もいれば，授業中でも普段から敬称をつけずに呼ぶ教師もいます。この時点で，すでに教師間の言語指導に「差」が生まれます。また，「タメ口」のような会話を許している教師も見かけます。これでは，

第1章 「反社会型生徒・脱社会型生徒」指導スキル40

教師から言葉遣いを乱しているようなものです。そして，教師と生徒の間に適切な距離感をとれなくなります。そうならないためにも，授業中だけでも敬称をつけようという共通した確認が必要です。

2 乱れた言葉遣いはその場で直させる

言葉遣いの乱れがあったら，必ずその場で注意をします。言葉が乱れる原因の一つとして，乱れ始める「言葉」を見逃すことがあります。「はぁ？」「キモイ」「死ね」「ウザイ」という言葉は特にそうです。そのときは，教師の心構えとして，「見逃さない」「引き下がらない」「ひるまない」ことが大切です。その場で，正しい言葉遣いに直させましょう。これを逃すと，注意をしても，みんな使っているからという感覚が先行し，直すことが難しくなります。

3 良い言葉遣いも指導する

良い言葉や正しい言葉遣いの指導も大切です。例えば，「大丈夫ですか？ 手伝います」と相手を思いやる言葉，「ありがとう」という感謝の言葉を笑顔で交わしている姿。そのような場面をできる限りたくさんクラス全体に伝えましょう。すると，正しい言葉や言葉遣いがクラスにどんどん波及していきます。教科担任からも同様に指導したり，学年集会でも紹介していくと効果的です。正しい言葉遣いや良い言葉が認められる環境を，教師側から意図的につくり出すことも大切です。

(北原　英法)

第1章●「反社会型生徒・脱社会型生徒」指導スキル40

40 言葉遣いが乱れている

ソフト編

中学生の中には，言葉遣いが上手な生徒もいれば，言葉遣いが苦手な生徒もいます。正しい言葉遣いのできる生徒を活かして，乱れた言葉遣いの生徒を丁寧に育てていくような学級経営の視点をもつことも大切です。

言葉遣いが苦手な生徒の特徴

正しい言葉遣いが苦手な生徒は，必ずしも意図的に言葉遣いを乱しているわけではありません。「TPO」に応じた言葉遣いを知らないこともあります。「Time（時）」「Place（場所）」「Occasion（場合）」において，自分の言葉がどのように伝わるのかわからないこともあるのです。

傾向と対策

1 言葉の伝わり方を意識させる

自分の言葉遣いが，「その時（Time）」に，「その場所（Place）」で，「その場合（Occasion）」において，どのように相手に捉えられるのかを考える場面をもつことです。例えば，「道徳の時間」です。「言葉の向こうに」（『私たちの道徳　中学校』p.78）の資料は，「TPO」を意識しながら，主人公の思いが相手にうまく伝わらなかった理由をクラスみんなで考えさせることが可能です。「自分の考え」→

第1章 「反社会型生徒・脱社会型生徒」指導スキル40

「友達（班）の考え」→「クラス（全班）の考え」を交流してみましょう。きっと，「TPO」によって，言葉の伝わり方が多様であると，わかるはずです。これによって，言葉遣いを大切にする意識がつくられ始めていくのです。

2 言葉の力を意識させる

学級活動の中で，「ありがとう，また明日」「一緒に手伝うよ」のような「つながり言葉」と，「死ね」「消えろ」などの「途絶え言葉」をクラスで出し合う。これにより，「つながり言葉」がもつ言葉の力を意識させることができます。例えば，「つながり言葉」を使った生徒を紹介します。学級日誌で，「〇〇君が『一緒に手伝うよ』と黒板消しを手伝ってくれた。嬉しかった。今度は僕も手伝おう！」と書いた一文です。この「一緒に手伝うよ」という「つながり言葉」が，「自分も手伝う」という良い行動の循環を生むのだという「言葉の力」を伝えましょう。「言葉の力」を知ることが，言葉遣いを大切にするきっかけにもなるのです。

3 自分たちで指摘させる

言葉遣いを大切にする雰囲気が学級に出来上がると，乱れた言葉遣いに「気まずさ」や「恥ずかしさ」を生徒は感じます。さらに，「そんな言い方は，良くないからやめよう」とお互いに指摘しやすい学級の雰囲気になります。教師の直接的な指導よりも，級友からの指摘の方が，素直に受け入れ，乱れた言葉遣いを直す効果もあります。

（北原　英法）

「非社会型生徒」
指導スキル12

第2章● 「非社会型生徒」 指導スキル12

① 周りとコミュニケーションをとれない

ハード編

「中1ギャップ」という言葉が，中学校でも当たり前のように浸透してきました。小学校とのギャップに対応できないことに加え，周りとうまくコミュニケーションがとれない子どもたちが年々増えていることを，中学校教師が実感し始めた証拠とも言えるでしょう。

中学校という環境にいち早く慣れさせ，小学校とのギャップを解消するには，中学校特有の厳しいしつけだけでは対応できないことも1年学担としての苦しみと言えます。

コミュニケーションスキルを学ぶ

SGEやSST，PA，ピアサポートなど，体験を通してコミュニケーションスキルを習得していく技法を教師は積極的に学んでいく必要があります。どちらかというと，幼稚園や小学校，特別支援学校に勤める教師の専売特許のように思えるかもしれませんが，これからの中学校教師はぜひとも身につけなければならない要素と言えます。

傾向と対策

1 黄金の3日間で勝負する

1年生を担任する場合はもちろん，学級編制後の2・3年生においても，年度当初の「黄金の3日間」が勝負の分

かれ目と言っても過言ではないでしょう。生徒にとって居心地の良い雰囲気をつくり出し，毎日学校に来るのが楽しみで仕方がないと生徒に思わせられるかがポイントです。

　ただし，発達段階を踏まえつつ，距離感を大切にした指導を心がけたいものです。例えば，いきなり身体接触を強制するのではなく，アイコンタクトや掛け声，おしゃべりや対話，グループ交流やチーム活動などを経ながら，ハイタッチや握手などの身体接触へと，距離感を徐々に縮める体験へとステップアップしていくような展開が必要です。

2 沈黙を怖れない

　中には全く活動をやろうとしなかったり，活動そのものに取り組めない生徒も出てくるでしょう。そうした姿を見つけたとき，頭ごなしに叱ったり，怒鳴ったりしてはいけません。逆に，それも一つのチャンスだと捉えるべきでしょう。なぜなら，自己開示には葛藤が伴うからです。

　コミュニケーションスキルを高める技法に長けている教師は，ともすると策に溺れがちになります。これだけ工夫した活動を取り入れているのに，なぜ生徒は乗ってこないのだろうと思うかもしれません。しかし，生徒は十人十色，多種多様です。活動にノリノリでコミュニケーション能力がすぐに伸びてくる生徒もいれば，長い時間をかけてやっと打ち解ける生徒もいるはずです。大切なのは，生徒の沈黙を怖れないことです。黙っていてもコミュニケーション能力が一気に開花する子もいるのですから。

（山下　幸）

第2章●「非社会型生徒」指導スキル12

❷ 周りとコミュニケーションをとれない

ソフト編

もともと寡黙な子はどこの学級にもいるものです。その反対におしゃべりな子もどこにでもいます。周りとコミュニケーションをとれないというのは前者をイメージしがちでしょうが，後者も多く存在します。人の話を受け入れず，一方的に自分のことを話し続けるタイプがそれです。

対策の一つとしては，傾聴力を鍛えることが挙げられます。ただ，「人の話をじっくり聴きなさい」という指導言だけでは傾聴力は身につきません。話はもちろん，相手に興味関心をもつことの大切さを伝えていきたいものです。

ペア活動で距離感を縮める

座席の配置にもよりますが，大抵は異性のペアで隣席同士になることが多いことでしょう。一度ペアになったからにはそれを契機として距離感を縮め，コミュニケーションの能力を高め合うことに結びつけたいものです。

傾向と対策

1 シャベリカを日常ツールとして使う

「シャベリカ」というカード（企画・制作：㈱アソビジ）があります。トーキングテーマが書かれたトランプカードと言えば想像がつくでしょうか。気軽に話すきっかけとして

最適で，ペアスピーチやペアトークの材となります。ペアに限らずグループでも，学級全員でも構いませんが，まずは隣同士のペアでシャベリカを取り入れながら，雑談を交わすことから始めることを心がけましょう。

　最初に取り入れる条件はただ一つ。必ず聴いている側がリアクションを返すこと。頷きでも，相槌でも，話に沿った質問でも，とにかく相手の話に対してリアクションを返します。たったこれだけで，隣の人を信頼できるようになり，その人の話にも興味関心がもてるようになるはずです。ただし，一度や二度で終わらせてはいけません。毎日必ずどこかで取り入れて，それを少なくとも1ヶ月は続けたいものです。なぜなら，慣れによるマンネリを乗り越えたときに，その人らしさが現れるからです。飾ってばかりのよそよそしいつきあいではなく，本音を通した対話ほどコミュニケーションの意欲づけにつながるものはありません。

2 書くことでつながりを意識する

　コミュニケーションは話す・聞くといった音声言語が基本ですが，書く・読むといった文字言語も大事な能力の一つです。例えば，同じ班の班員同士で，その日の感動や感情を日記に書いて交換し合う「班ノート」は，教師が見えない子どもたち同士の結びつきが実感できるツールです。話すことを苦手としていても，書くことに対しては抵抗が少ない生徒は結構いるものです。一つの手法に囚われない柔軟性が教師には必要なようです。

（山下　　幸）

第2章● 「非社会型生徒」 指導スキル12

3 テストが嫌で保健室へ逃げる

ハード編

　定期テストだけではなく，授業の中で単元テストや暗唱テスト，実技テストなど様々なテストが実施されます。生徒にとっては，範囲も狭く，取り組みやすいテストと言えます。その反面，簡単に避けて通れるテストでもあります。

休み時間の有効利用

　教科の対応が基本になりますが，担任ができる働きかけも多くあります。授業中は担任が働きかけることが難しいので，休み時間を有効に活用しましょう。生徒の気持ちや問題を解決することが理想的ですが，まずは指導の足がかりとして考え，取り組んでいきましょう。

傾向と対策

1 テスト勉強を楽しくする

　休み時間に，生徒が友達とテスト勉強をしている姿を目にします。問題を出し合ったり一緒に練習したりする姿は楽しそうです。互いに，テストについての不満を言い合って，感情を共有し安心感を得ているときもあります。

　保健室に逃げたい生徒は，休み時間にテストを受けるか，葛藤していることが多いです。また，生徒にとって保健室への移動は，休み時間に行うことが多いでしょう。授業中

では目立ってしまうからです。

　そこで，逃げやすい休み時間を友達とのやりとりで拘束します。教師が具体的に「○○さん！　××さんに問題出してあげて」とペアを組ませます。教師も一緒に問題に答えたり，楽しく気軽な雰囲気づくりをしたりするのもおすすめです。ペアにする生徒は，頼られると嬉しいと感じる，少々お節介な生徒が適任です。友達も先生もテスト勉強を楽しんでいる中，保健室に行くのは難しくなるのではないでしょうか。そして，テストを受けることができたら，褒めることを忘れないようにしましょう。

2　前向きなイメージをもたせる

　常習で繰り返す生徒には，じっくり指導をする必要があります。特に難しいのは，実技のテストでしょう。原因は教科の苦手意識や，人前でのテストに抵抗をもっていることがほとんどです。実技については，誰でも努力した分だけ結果が出るとは限りません。生徒にとっての大きな壁は「大丈夫！　頑張れ！」だけでは乗り越えられないのです。

　指導の際，話を聞く中で大切にしたいのは「行動時の気持ちを整理する」「どんな自分になりたいか」ということです。ここまで聞き出せると，逃げている自分に向き合うことができます。「逃げる自分＝駄目な人間」という図式にはまらないように注意し，「なりたい自分」をイメージさせます。その後は生徒に応じた，段階を追った目標を設定し，成功体験を増やしていきましょう。

（長尾　由佳）

第2章● 「非社会型生徒」 指導スキル12

4 テストが嫌で保健室へ逃げる

ソフト編

　生徒が保健室へ逃げるときは，一人で考え，人に相談できない場合が多いです。テストに対して何が障害になっているのか，何を気にしているのかを理解し，気持ちに寄り添うことも必要です。

雰囲気づくり

　対象生徒の問題を取り除いてあげることも大切ですが，自分の力で乗り越えられる手助けをすることの方が，今後の活動に結びつくと考えます。そのために，学級や授業の雰囲気づくりが重要になってきます。

傾向と対策

1 問題を予想する

　朝の会などの短学活で，テストについて触れることは，学級の意識を高めます。生徒にとって，テストは難しく嫌なものです。点数を気にするあまり，重く硬い雰囲気になることもあります。このときに，少し工夫をすることで，テストに対する前向きな雰囲気をつくることができます。

　テストがあること，休み時間を有効に使うことに加えて，学級でテストの問題を予想してみます。「今回の英語の単語，必ず出そうな単語は何だと思う？」と質問し，一番意

見の多い問題を決めます。「よし！ ○○の問題は必ずみんな覚えよう！」「これでうちの学級には０点がいなくなったぞ！」と前向きな雰囲気をつくります。

この方法は，その後の生徒とのコミュニケーションにもつながります。「先生！ あの問題出たよ！」「○○君が言ってた問題も出た！」などの感想が返ってくるでしょう。生徒が「次のテストも予想してみよう」とゲームを楽しむようにテスト勉強に取り組むことも期待できます。

このように，学級がテストに対して明るく前向きな雰囲気があれば，保健室に逃げたくなる気持ちも軽くなるのではないでしょうか。

2 気持ちを共有する

雑談の中で，教師からテストの話を持ちかけます。「どんな問題出るの？ ここ難しいよね。先生も中学校のとき，保健室に行きたくなるぐらい嫌だったな」と，生徒がやろうとしていることを先に言い当ててしまうのです。保健室に逃げたい生徒にとって，その後の保健室への道のりは遠いものになるわけです。ここで大切なのは，嫌みに終わらないことです。後半は前向きなコメントも付け加えることを忘れないようにしましょう。

今の経験が将来に役立つこと，挑戦することや自分に負けないことの大切さを，経験談を盛り込みながら話してあげると良いです。ただし，長話になると説教じみてしまうので，あくまでも雑談を意識しましょう。

（長尾　由佳）

第2章●「非社会型生徒」指導スキル12

5 多動系生徒に対応する

ハード編

一人のときは目立ちにくくても,集団に入ると目立ってしまうのが多動系生徒の特徴と言えます。例えば,授業中におしゃべりが止まらなかったり順番を待てなかったりするなどです。そうは言っても多動系生徒にだけ授業をするわけにはいきません。集団で生活することや授業を受けるためのルールを個別に確認することが必要となってきます。

個別のルールの必要性

多動系生徒は「授業を受けるのだから当たり前」と思うルールが身についていません。授業中に何をしたら良いかわからないので,自分のやりたい行動をします。椅子の座り方,顔の向く方向などの小さなことも知らない生徒がいるかもしれません。個別にルールを作ることは,授業中にやらなければいけないことを明確にしてあげることになります。また,見通しをもてるので落ち着いて授業に臨むことにもつながります。

傾向と対策

1 話し合いをする

ルールを理解させて授業を臨ませるためには,事前に話し合いをする必要があります。ルールを作るときは次のよ

うに具体的に示します。①板書された内容をすべて写す。②〇分間着席している。③先生が話しているときは話をしないなどです。そして，それは記録として残す必要もあります。生徒は口答で「はい」と返事をし「わかりました」と言います。しかし，時間が経過すると忘れてしまいます。忘れたときには，記録したもので振り返ります。多動系生徒が複数いる場合には，一人ひとり個別に話をすることで教師との共通理解が図れます。

2 繰り返しながら個数を増やす

ルールの数に注意します。数が多くなると，それを意識しながら授業を受けることが難しいので，要点を絞ってルールを決めることが必要です。生徒の実態にもよりますが，多くても３個くらいから徐々に始めるのが良いです。１回できたからといって，すぐにルールの追加はしません。そのルールが身につくまでには，時間がかかるからです。ルールができた日にはカレンダーなどに記入し，記録を残しておきましょう。事前に「〇回できるように頑張ろう」と決めることで目標をもつこともできます。継続してできるようになったとき，改めてルールを追加していきましょう。したがって，教師側が繰り返し個別指導をし，他教科の教員と連携をとりながら指導することが必要です。

少しでも成長が感じられたならば，認め，褒め続けること。それにより，安心して学校生活が送られるでしょう。

（石田　裕樹）

第2章●「非社会型生徒」指導スキル12

6 多動系生徒に対応する

ソフト編

　教室で座っていられない，周囲を気にして授業に集中できないなど多動傾向の生徒が目につくことがあります。多動は障がいの一つですが，多くの場合は落ち着きのない生徒ということで終わってしまいます。多動の場合は授業に集中することができないので学力低下にもつながります。学習環境を整え時間の使い方をうまく利用することで，授業に対する集中力を生み出すことができます。

多動系生徒の様子について

　多動の生徒は，視覚や聴覚から入ってくる情報は何でも気になってしまいます。例えば視覚からの情報では，板書された物以外の掲示物や他生徒の細かい動き，聴覚では教師が話していることだけでなく他生徒の小さな話し声が気になってしまうのです。

傾向と対策

1 視覚的環境を整える

　まずは，視野に入る環境を整えます。授業で使用する黒板のある側の掲示物を必要最低限にし，必要な板書以外の情報が入らないようにします。座席も前方にし，他生徒の行動が視野に入りにくい環境を整えます。合わせて，机上

第2章 「非社会型生徒」 指導スキル12

には必要な道具以外を置かないルールをつくったり，窓の外が

気にならないようにカーテンを閉め，多動系生徒にとっては関係のない情報をできるだけ遮断し，授業に集中させるように配慮します。

2 聴覚的環境を整える

多動系生徒は二つのことを同時に行うことが苦手です。教師が話をして指導する時間と板書を写す時間を区別します。例えば，生徒が板書を写す時間なのに教師が話してしまうと，教師の話している方が気になり板書を写す手が止まります。板書を写すよりは変化のある教師の話を聞く方を気にしてしまいます。したがって，教師も板書中は話すことをしないで，書くことに集中できる環境をつくります。

3 活動のある授業を取り入れる

多動系生徒は黙って静かに待つことが苦手なことが多いので，活動のある授業をとり入れます。例えば，グループ討論のため席を移動することで座っている時間を減らしたり，自分の意見を発言したりすることで活動が増え，苦手としている沈黙の時間が短くなります。これにより授業に集中できる時間が増えてきます。　　　　　（石田　裕樹）

第2章● 「非社会型生徒」指導スキル12

自閉系生徒に対応する

ハード編

　自閉症スペクトラムという言葉をご存じでしょうか。以前は言語や知的に障がいがなく変わった人だなと思われていたアスペルガー症候群や，知的には遅れがなく言語発達に遅れのある高機能自閉症などに分類されていたものが，現在は自閉症スペクトラムとして統合されています。

自閉症スペクトラム

　主な症状としてはコミュニケーションがうまくとれない，限定された反復的行動や興味などが挙げられています。生まれつきの脳機能の障がいであり，親のしつけや愛情不足ではないと考えられています。自閉症スペクトラムと診断されたからといってすべての人が生活に支障を来していることもなく，程度によってはほとんど支障なく生活している場合もあります。

傾向と対策

対応の仕方

　自閉傾向の生徒は話している内容を理解するのに時間がかかります。普通の生徒なら伝わることでも理解できないことがあります。自閉系生徒に指導するときはポイントを押さえて話しましょう。

①話は短い言葉ではっきり言う。

　回りくどい話をしても何が大切なのか理解できません。
②ルールに反したときは、冷静にとるべき行動を指導する。

　強い口調で話しても自閉系生徒は怒られたとしか記憶に残りません。肝心な、どう行動すれば良いのかは覚えられず、また同じ行動を繰り返します。
③何かを伝えるときは肯定的な表現で行う。

　例えば、廊下を走っていたら「走るな」ではなく「歩こう」と伝える。「走るな」と言っても、ここは走る場所ではなく歩かなくてはいけない場所だと連想することができません。
④事前に伝える。

　予定の変更など、急に言われると混乱します。わかっている変更事項や約束があるときは早く伝えることで、対応するための時間を作ってあげることが必要になります。

2　周囲のサポート

　中学生くらいになると、日常会話や集団生活に合う合わないの差が出てきます。そして合わない人が多くなると、不登校や引きこもりなどになってしまう場合もあります。事前に対応するため、学級編制に気をつけたり友達にも理解してもらったりすることが必要になってきます。また、保護者にも理解してもらうように対応の仕方を伝えて共通の指導をしていきます。早期に対応することで日常生活の支障が少なく過ごせます。

（石田　裕樹）

第2章● 「非社会型生徒」 指導スキル12

8 自閉系生徒に対応する

ソフト編

　学級に空気が読めない生徒が必ずいます。例えば，コミュニケーションがうまくとれない，自分なりのルールで活動するなど，集団で生活していくうえで困難さを感じる生徒を目にしませんか。これは自閉傾向のある生徒と言えます。近年，大人の発達障害が叫ばれています。中でも自閉傾向は学校生活では気づけず，社会人になってから気づく人もいます。

生徒観察

　自閉傾向の生徒は集団の中で，埋もれてしまう場合があります。自分の気持ちやルールが学校生活にうまくあてはまれば，自閉傾向を気づかれず卒業することもあります。しかし，そのケースは希であり，日常観察をしっかり行い，言動や行動で同じことを繰り返している生徒には目を向けて指導や支援をしていく必要があります。

傾向と対策

1 コミュニケーションのとり方

　自閉傾向の生徒は自分が思ったり考えたことを何でも口に出してしまいます。例えば，「○○君のことが嫌い」「○○さんってうざいよね」などが挙げられます。これは，未

来のことを考えることや相手の気持ちを考えることが苦手だからです。その結果，人間関係を壊して不登校などのケースになることもあります。コミュニケーションのとり方はソーシャルスキルトレーニングがふさわしいと言えます。例えば，友達から「今日遊ばない？」「一緒に帰ろう」など，相手から聞かれたときの答え方を記入させます。その回答を通して正しいコミュニケーションのとり方を学びます。ソーシャルスキルトレーニングによって相手の気持ちや考えを知り，良好なコミュニケーションをとることができるようになってきます。

2 こだわりへの対応

　自閉傾向の生徒は強いこだわりをもち，一度話した規則や約束をしっかり覚えていることがあります。例えば，「前はハサミを持ってきて良いと言っていたのに，なぜ今はだめなの」と言うことがあります。突然変更されることや例外的なこと，曖昧なことを理解するのに時間がかかるからです。したがって，例外がないように約束や規則は最初にしっかり決めてから指導をしないといけません。もし例外が出てしまった場合には，短い言葉で理由をしっかり説明してあげると受け入れられるはずです。

　他にも，時間割の変更や当番の順番が変わるなど，対応するのに時間を要します。生活リズムの変化を少なくするように配慮し，変化があるときは早めに伝えてあげることが大切です。

（石田　裕樹）

第2章● 「非社会型生徒」 指導スキル12

⑨ グレーゾーン生徒に対応する

ハード編

　簡単な指示でも一度で伝わらない生徒，行動に移るまで時間のかかる生徒。支援として個別対応が必要なのか，それとも個性的なだけなのか。このような生徒こそ，ここで考えたいグレーゾーンの生徒です。

生徒を信じる

　わざと何度も間違えて先生に叱られたい生徒はいません。「やらない」のではなく「できないのだ」と信じて対応しましょう。できなくて，叱られて心を痛めているのは生徒自身なのですから……。スタートはここからです。

傾向と対策

１　二次障がいを避ける

　グレーゾーンの生徒への対応で忘れてはならないのが，二次障がいのスパイラルに陥ってしまわないことです。

　このような生徒は，今までたくさん失敗してたくさん叱られてきた経験があるため自尊感情が低く，さらに教師が叱ることでマイナス面を逆に強化され，「どうせ俺なんか……」という歪んだ精神状態になりがちです。このような自己否定感情が，新たな不適切な行動を生み出し二次障がいに発展します。

これを防ぐためには，周囲が温かく見守り認める雰囲気づくりが大切です。具体的には，できて当たり前と思わず小さなことでもできたことを褒めて自己肯定感を高めること，苦手なことは無理にさせないこと，大人に相談してうまくいったという経験をさせることなどが考えられます。ただし即効性はないので粘り強く取り組むことが大切です。

2 小さな成功体験を重ねる

グレーゾーンの生徒は今までの失敗経験から，何かに挑戦したくても「また失敗するのではないか」と一歩を踏み出せないという状況があります。自信につながる，「できた」という経験を積み重ねるため，意図的に成功体験を仕組んでいきます。

先生方は「誰かそれやってくれないかなぁ……」といった頼み方をよくすると思いますが，グレーゾーンの生徒は自信がない故にその「誰か」になることができません。なので，そのような頼み方をせずに，指名して頼むようにします。引き受けてくれたら「ありがとう」と大げさに喜び，その後家庭にも電話してこのことを伝えます。

ついつい叱りたくなることが多いのがグレーゾーンの生徒ですが，時には「流す」ことも必要です。欠点は見ようとしなくても見えてきますが，それらをすべて指導していたのでは，生徒はもちろん教師も疲弊してしまいます。「ここだけは……」という場面以外は目をつぶって，見逃す，聞き逃すといった配慮も必要です。

（高橋　勝幸）

第2章● 「非社会型生徒」指導スキル12

10 グレーゾーン生徒に対応する

ソフト編

　グレーゾーンの生徒への対応では，教師の方から「一歩出る」意識をもちます。このような生徒は，大抵の場合学級での立ち位置が低く，コミュニケーション能力も高くないことが多いからです。学年教員団で休み時間等に教室や廊下を回る際はこのような生徒にこそ着目し，積極的に声をかけて関わりをもつようにしていきます。

システムで支援する

　中学校では担任が自分の学級に入れるのは，最大でも週に8時間程度。その他の時間は教科担任に任せているわけですから，担任以外の教師の対応が生徒に与える影響を考えなくてはいけません。ここでは「生活面」と「学習面」に分け，それぞれの場面での対応を学年団や教科担任と連携してすすめていきます。

傾向と対策

1 生活グレーゾーン

　このような生徒は，「些細なことだけど気になる」という箇所に思慮を巡らすことができません。その顕著な例が提出物で，プリントがくしゃくしゃになって提出されたり，提出期日が守れなかったりといった形で現れてきます。

プリントを配付する際に，提出期限にアンダーラインを入れたり，朱書きしたりしたものを一言添えて直接手渡すようにします。

また，一度の指示で動けない場合には，その生徒の傍へ行って，「まず，何をするんだっけ？」「できそう？」などと一つ一つ確認しながら行動を促します。それも無理そうなら「一緒にやろうか」と声をかけてともに行動しますが，本人のプライドに配慮し，意思を汲み取りながらすすめるようにします。

2 学習グレーゾーン

配慮が必要な生徒は教師の近く，窓からの刺激が入らない教室前方，廊下側に座らせます。近くに座っていることで，教科書が開けているか，ノートをとれているか確認することができます。さらに，隣に面倒見のよい女子を配置し，困っているときには「ここだよ」とか「こうするんだよ」といった声をかけてくれるよう頼んでおきます。

不要な刺激を避けるため教室前面はスッキリさせ，学級目標やスローガンは側面や後方に掲示するようにします。シャープペンシルをいじったり，筆入れについているアクセサリーに気を奪われないように，机上には筆箱を出さず，鉛筆と消しゴム，定規のみを出すようにします。

できればこれらは中学校全体，もしくは小学校と統一した「学習規律」として一貫して取り組むことができればさらに効果的です。

（高橋　勝幸）

第2章● 「非社会型生徒」 指導スキル12

⑪ 不登校生徒に寄り添う

中学校では生徒35人に１人の不登校生徒がいると言われています。つまり，ほぼ各学級に１人の不登校生徒がいることになり，学級の枠を超えた対応が求められます。

チームで動く

不登校になってしまってから，学年部会を開いて対策を練り定期的に家庭訪問を繰り返す。それで改善されていけば良いのですが，結果が見えてこなければ先生方の徒労感が大きくなるばかり……。

不登校になってしまってから，その対応に注ぐエネルギーより，予防に注ぐエネルギーの方がよほど小さく生産的です。担任は一人で抱え込まず，学年の先生方に早いうちに相談しましょう。教室に不登校生徒がいることは決して学級経営の失敗を意味しません。

傾向と対策

１ 早く動く

不登校傾向を見せ始めた生徒がいたら，早めに話し合う場をもちます。慎重になりすぎて「様子を見ましょう」というのは最もしてはいけないことの一つです。

前年度から不登校傾向を示していた生徒とは，新しい学

級のことや現在の心境などラポートをとることを目的とした話をします。

　突然不登校傾向を示し始めた生徒には，早急に話を聞き，きっかけや心情の変化をつかみます。このような場合は人間関係の急変が考えられますが，登校して事実関係を確認しなくては指導ができないので，何よりも登校させることを最優先した対応をします。

　生徒が話し始めたら聞くことに専念し，持論を述べることは控えます。また，忙しいのはわかりますが，教師の都合で途中で話を終えてしまったら次はないと心得ましょう。黙って話を聞いてくれたという事実だけで，ほんの少し生徒の心は上を向くはずです。

2 学年チームで対応する

　何らかの理由があって登校できないのならば，登校できる条件を考えていきます。保健室登校や別室登校などの「場」や，放課後登校などの「時」を提案して少しでも登校できるきっかけを探し，登校すると約束した時間には，必ず玄関で出迎えるよう努めます。

　不登校は一気にすべてを解決するのは不可能なので，長いスパンで学年団として関わっていくことが要求されます。登校時に学習課題を用意したりするのも学年で分担し，関係性が良くないときや父性的な指導が必要なときは副担任で対応し，状況が好転してきたら担任が前面に出て対応するようにします。

（高橋　勝幸）

第2章●「非社会型生徒」指導スキル12

12 不登校生徒に寄り添う

ソフト編

不登校になってしまった生徒を学校に戻すのは，多大な労力と時間を要します。ならばまず不登校防止対策を講じ，なってしまった場合には学年・学級の枠を超えて家庭と連携した対策を考えていきます。

学校の限界を知る

真面目な先生ほど一人で問題を抱え込んでしまう傾向にあるように思います。周囲の応援を得て好転するようならば，躊躇なく応援を求める声を上げるべきでしょう。さらに，学級や学年生徒といった集団の力を使った不登校対策を考えます。

傾向と対策

1 保護者に寄り添う

「お母さん，一人で抱え込まず，一緒に考えていきましょう」。これほど保護者の心の体温を上げる一言はありません。最初の保護者との面談で，これは家庭の責任ではないこと，保護者と学校が手を携えて解決していくものであることを明確に伝えます。

不登校生徒の保護者は孤立感を抱いており，自分の育て方がいけなかったのかとか，周囲から子育てできない親と

思われていないかとか，精神的に不安定な状態にあります。そのような追い詰められた状況を少しでも軽減できるよう，保護者に対してもカウンセリング・マインドをもって対応します。

　また，週に一度以上は家庭訪問し，プリント類を直接手渡します。この際，生徒と面会できるかが不登校対応のバロメーターの一つになります。生徒の顔を見られないようならスクール・カウンセラーや副担任を同行したりするなど，対応に変化をつけることを考えてみましょう。

2 集団の力を借りる

　不登校予防として生徒同士のつながりを実感させます。日頃から学級に居場所があり，大事にされている，頼りにされているといった自己有用感を高める活動を取り入れます。人間関係が不調になった際，それが唯一の関係であった場合には，それで居場所がなくなってしまいますが，数多くの人間関係が築けていれば孤立せずに済みます。ちょっとした人間関係トラブルを乗り越えられるような，仲間同士で元気づけられるような関係づくりを目指して，アイス・ブレイクやPA系ゲームを定期的・計画的に行ったり，クラス会議を導入したりします。

　集団の力というと，不登校生徒を朝迎えに行くなどといった登校刺激のことをイメージするかもしれませんが，それよりも不登校にならぬよう未然防止にこそ，集団の力を効果的に使っていきたいところです。

（高橋　勝幸）

「集会・行事指導」
指導スキル20

第3章●「集会・行事指導」指導スキル20

① 廊下に整列させる

儀式や集会の前，生徒はまず廊下に整列します。廊下整列の際，あなたの学級の生徒たちはどのような状態でしょうか。私の勤務校は1学年8学級ありますが，生徒が廊下に出て整列するまでの状況は8学級様々です。

真剣度の差はどこから？

誰も口を開くことなく，あっという間に整列する学級。その列は乱れることなく真っ直ぐです。一方，ふざけ合い，だらだらとおしゃべりしている生徒の群れ。誰かに怒鳴られるまでその状況を続けて良いとでも思っているかのようです。この差はどこからくるのでしょうか。当たり前のことですが，良くも悪くもすべては日頃の積み重ねです。

傾向と対策

1 静かになったらGO

廊下整列にもルールが必要です。整列時間の3分前，休み時間でも生徒は教室に戻って身だしなみを自分でチェックし，OKなら廊下に出る準備完了です。生活委員の指示で廊下に出ますが，生活委員はドアのところに立ち，門番をします。門番のいるドアから全員が廊下に出ますが，そこで身だしなみが不完全だと廊下に出ることはできません。

装飾品や化粧はしていないか，男子は頭髪を加工していないか，女子は肩にかかる髪を結んでいるか，腰パン，スカート丈，ネクタイやリボンをチェックされます。居残り生徒は，指摘されたところを直せたら列に入ります。

 全学級が整列して学年全体が静かになったら，1組の担任から GO サインが出ます。儀式や集会は早く始まれば早く終わることを生徒は知っています。儀式や集会後，下校させられない拘束時間内であれば，廊下整列がスムーズであることによって生徒が「稼いだ」時間は，教室内で自由におしゃべりさせたり，学級ミニレクをしたりして楽しい時間として生徒に還元します。

2 儀式や集会は「生活面のテスト」

 儀式的行事や学年集会は，「生活面のテスト」の日であるという意識を日頃からもたせたいと考えています。学習面のテストである定期テストの日が重要であるように，日頃取り組んでいるベル席や制服の正しい着用，授業への真剣な取り組みは最終的に儀式や集会で評価されるという位置づけが有効です。例えば学年集会なら，実際に廊下整列から座礼，話を聞く態度を含めて集会終了までの評価を5段階評価で教師が発表し，評価できることや課題をはっきりさせるのも一つの手段です。

 儀式や集会の日が特別な，節目の一日であり，生活面のテストという意味合いも含んでいることを生徒が意識すれば，生徒の行動は少しずつ変わっていきます。

（高橋　美帆）

第3章● 「集会・行事指導」 指導スキル20

❷ 廊下に整列させる ソフト編

　儀式的行事や学年集会は，廊下整列時から始まっていると言っても過言ではありません。生徒が教室を一歩出る瞬間の雰囲気が，その後の会場への移動時だけでなく，儀式や集会そのものの緊張感をも左右します。

廊下整列時のダラダラ感

　椅子を引きずりながら廊下に出る，腰パン，スカートが短い，待機中私語が止まない……。儀式や集会に対する気持ちができていない状態です。学級全体が廊下でこの状態になっていて担任が大きな声を出しても，落ち着くのには相当の時間がかかります。指導しなければならないポイントも複数に及んでいます。

傾向と対策

1 視覚に訴える

　始業式，終業式，修了式，卒業式など生徒にとって節目となる大事な一日は，生徒が登校したとき，黒板に「平成〇〇年度第2学期始業式」と書かれているだけで生徒の意識は大きく違います。黒板にはその日の時程も書き添え，生徒の頭の中にその日の動きをセットさせるのです。情報を提供されることで初めて，生徒はその行事に対する気持

ちをつくり始めます。黒板を使って，その日一日の流れについて情報を提供することが重要です。整列については，「○時○分廊下整列　イス持ち　※私語×　※身だしなみ！」というように書きます。普段ラフな格好をしている担任も，朝の学活はスーツで登場します。特別な日，節目の日にはそれなりの演出が必要なのです。

2 聴覚に訴える

儀式や集会の日の朝学活では，「係からの連絡」で学級委員長と生活委員が挙手し，自分の立場から考えて大事だと思うことを学級全体に伝えます。例えば委員長からは，「今日は2学期の始業式です。2学期はみんなで力を合わせて取り組むことがたくさんあります。スタートから気持ちを一つにして真剣に参加しましょう」という内容です。10秒程度の内容ですが，担任でなく，仲間から呼びかけられることで生徒は式に臨む気持ちを確認します。生活委員は，「○時○分になったら廊下に整列します。椅子を持って廊下に出るところから，式が始まります。静かに整列し，静かに待機しましょう」と伝えます。担任からは，その日までの振り返り，またはそこからの展望などを学級全体に話します。いつもより長めに時間をとって，この節目がどんな意味をもつのか耳でも全員に確認させます。整列時間になったら，「椅子を持って，静かに整列してください！」と生活委員が呼びかけます。先生方よりも，学級の仲間からの指示が生徒にはより重く響きます。

（高橋　美帆）

第3章● 「集会・行事指導」 指導スキル20

整然と移動させる

　廊下で整列させ，体育館まで整然と移動させる。儀式的行事や生徒総会，全校集会や学年集会などの場面における整列・移動を指しますが，毎日行う活動ではないだけに，なかなか定着しづらいと言えるでしょう。しかし無言で，迅速に行うことこそが「整然」の意味であり，それが全体にも影響を及ぼすことを考えると，1年生段階もしくは各学年の早い段階で指導・定着を目指したいところです。

「整然」の意味を意識化させる

　廊下に整列したら整然と移動することが，小学校段階から十分身についていると言えるでしょうか。また，子どもたちに「整然」の意味をどれだけ意識させているでしょうか。椅子を持って整列・移動する場合と，椅子なしで整列・移動する場合では違いがあります。前者には階段の移動により危険性がつきまとうからです。それも含めて「整然」の意味を意識させ，整然と行動させる必要があります。

傾向と対策

1　椅子の持ち方を統一する

　初めての学年集会に向けてまず指導すべきは，椅子の持ち方，廊下での整列の仕方，体育館への移動の仕方の3点

です。まずは椅子の持ち方を，全校体制でしっかり指導・定着させたいものです。

　木製からプラスチック製に替わり頑丈さが追求されて以降，生徒用椅子は重量が増しました。振り回すようなことはできない反面，引きずったり，片手で持ったりする生徒が現れるようになりました。「背もたれを自分の胸に付けるように座面を両手で持つ」という基本を指導し，定着させなければ階段での移動時に危険が伴います。学級担任一人で指導が徹底できなければ，学年あるいは全校体制で統一して指導していかねばならない基本原理です。

2　整然とした行動で時間を生み出す

　廊下に出たら無言で迅速に整列します。このとき，前後左右を合わせることを指示しますが，とりわけ隣同士のペアで間隔を合わせることを意識させます。男女別の列で整列させると，同性同士の前後でおしゃべりをしたり，じゃれ合ったりする姿が見られがちです。そんな場合は特に，隣の異性を意識させるだけで整列の仕方が変わってきます。

　規模が大きな学校になればなるほど，移動開始するまでには時間がかかるでしょうが，少しの時間でも無言で待機させることが基本となります。その日の儀式や集会のねらいを思い起こさせ，内容をイメージ化させるのも良いでしょう。移動時間がきたら，椅子を正しく持って，無言で移動させます。このとき，胸を張って堂々と歩くことを意識させるだけで美しい姿勢となります。

　　　　　　　　　　　　　　　　　　　　（山下　　幸）

第3章● 「集会・行事指導」 指導スキル20

4 整然と移動させる　ソフト編

　落ち着かないでそわそわしている生徒にとって，毎日過ごしている教室から一歩出て，日常とは違う行動をとるのはある意味恐ろしいこととも言えるでしょう。廊下に整列しても，壁に寄り添うことで安心できる生徒もいるはずです。一人ひとりの特性に応じつつ，整然と整列させ，移動させるにはちょっとしたコツが求められます。

スタートとゴールをわかりやすく伝える

　なぜ，何のために廊下に整列し，整然と移動しなければならないのでしょうか。担任自身がねらいを確認し，教室で生徒にわかりやすく伝える必要があります。同時に，成功に向けてのゴールも意識させましょう。こうした目的意識と評価意識を理解させることで，生徒の不安感を取り除き，安心して整然とした行動へと導けるはずです。

傾向と対策

1 黒板で図式化する

　例えば終業式の朝，教室の黒板に儀式のねらいと成功に向けてのゴールを図と言葉で説明します。絵が得意な担任は流行の黒板アートで生徒を惹きつけるのも良いでしょう。慣れてくれば，列の先頭に立つ学級代表や最後尾に立つ生

活委員に書かせるのも一つの作戦です。担任からの押しつけではなく,生徒同士で儀式を成功させるためには整列段階から心構えをつくる雰囲気をつくりたいものです。

② 移動・整列を生徒に委ねる

整列の際には学級代表が先頭で,生活委員が最後尾に立ち,両者が整然と整列させる指示を出す。このことを学校体制として取り決めている場合は,担任は生徒に委ねる覚悟をもちましょう。生徒が指示を出そうとしているのに,担任が我慢しきれず指示してしまうのは意欲をそぐことにもなりかねません。

同時に,非日常への不安感を抱える生徒にとっては,担任よりも生徒からの指示の方が耳に届きやすく,迅速な行動へとつながりやすいとも言えます。

③ 指示の出し方を工夫させる

迅速に,自然と整うことが「整然」の定義と押さえると,学級代表や生活委員には指示の出し方を工夫させるのも一つのアイディアです。単に,

「並んでください」

という指示だけではなく,

「今日は24秒ルールでいきます。24秒以内に整然と並ばなければ,帰りの会で罰ゲームが待ってます!」

などと時間指定をするだけで迅速な行動へとつながります。できれば,「遅い人には前後の人が声かけしてください」といった配慮も取り入れたいものです。

(山下　幸)

第3章● 「集会・行事指導」 指導スキル20

聞く姿勢を整える

みなさんの勤務校で，集会時のあるべき姿，理想の姿は共有されているでしょうか。学校の規模などによってその姿は異なったものになるでしょうが，どんな姿勢で参加し，話を聞くのが望ましいか，具体的に写真を見せるなどしてわかりやすく示したいものです。

理想の姿を共有し，教え，育てる

何のために集会を開くのか，その目的に従ってどういう指導をしていくのか，落ち着きのない生徒にはどう対応していくのか。それらを職員間で共有したうえで，集会での聞く姿勢はどうあるべきか生徒にしっかりと教えてあげなければいけません。

傾向と対策

1 教師の立ち位置にどんな意図をもたせるか

私の勤務校では代表委員（学級委員）が自分のクラスを静かにさせ，生活委員が整列を点検するというように役割分担をしています。彼らが慣れるまでは担任は近くにいてその指導をチェックし，アドバイスを送ります。集会を繰り返していくうちに生徒だけに任せ，担任は少し離れた距

離から生徒が自治的に動いている様子を見守ります。集会によって主担当の教師が異なることが多いかと思いますが，全校体制で一貫した指導をしたいものです。

2 何事もスタートが肝心

開始前に緊張感のある雰囲気をつくることが大切です。開会の前に会場が静まり，咳ひとつでも目立ってしまうような雰囲気がつくられていれば良いでしょう。多くの生徒はそのムードに従い，姿勢が整う生徒の割合が高まります。

3 落ち着きのない生徒への対応

落ち着きが足りず，つい周りにちょっかいを出したり話しかけたりする。こういった生徒を「やらない」のではなく「できない」のだと捉え，対応していくことが必要です（**インクルージョンの原理**）。

①事前にガス抜きをしておく

さも重大な話があるかのような真剣な顔で呼び出し，実際には他愛のない話をして集会の開始を待ちます。ここでしゃべらせておき，開会する直前で「じゃあ少し我慢してこい」と笑顔で送り出します。

②**パッチング・ケアの原理**を生かして対応する

どうしても姿勢を崩してしまう生徒には，担任一人で関わるとお互いにとって良くありません。言う方も言われる方もイライラしてしまいます。それを複数の教師が個性を活かしながらちょっとずつ関わるようにするのです。結果として良い方向に向かうことが多いと感じています。

（河内　大）

第3章● 「集会・行事指導」 指導スキル20

聞く姿勢を整える〈ソフト編〉

　各学校での指導方針に多少の違いはあるかもしれませんが，静かに速やかに入場し，姿勢良く集中して話を聞く，これが理想のイメージでしょう。ハード編ではどう生徒を指導するかについて書きましたが，そういった「縦の指導」は少ないに越したことはありません。

自然に姿勢を整えさせる仕掛け

　生徒が体育館に入場し着席をしたら，自然と姿勢を整えてしまうように環境を調整したいものです。そこに近づくためにはいくつかの仕掛けが必要になります。

傾向と対策

1 授業中の学習規律を整える

　「集会時だけ」姿勢が良い生徒はいません。普段の授業で（本当は家庭生活でも……）姿勢良く過ごしていることが当たり前になっていれば，当然集会時も姿勢良く過ごすことができるでしょう。

授業の心構え「五か条」

二、正しい姿勢で学習します。

☆背中を「ピン」とのばします。（立腰）
　足を「ピタ」っとつけます。
　おなかと机は「グウ」がはいるくらいあけます。

◆小中連携が重要

　一朝一夕では身に付かない「姿勢」。だからこそ小中連

携が大切です。9年間を通し，一貫したポイントで指導することが望ましいです。前頁の写真は私の勤務校の掲示物で，小中連携の中で定まった共通の「授業の心構え5か条」の中の一つです。小学校でも「ピン」「ピタ」「グウ」を合い言葉に同じ指導をしています。

2 体育館の床に印をつける

右の写真，少々見づらいかもしれませんが，私の勤務校では年度当初に床に椅子を置く目印をつけています（生徒指導部で担当）。こうすることで「基準」ができるわけですから，すぐに椅子を置いて着席することが可能です。きちんと等間隔に座ることになりますので，姿勢の乱れを防ぐことにもつながっています。

3 思わず背筋が伸びる内容を

多くの集会で部活動等の表彰が行われていると思います。これを延々と行うような集会に姿勢を正して参加させるのはちょっと酷な気もしませんか？　例えばそれをヒーローインタビューのような形式に変えるなど，我々教師でも身を乗り出して聞きたいような内容にするというのはどうでしょうか？　息が詰まるような「説教集会」ばかりでは生徒が集会嫌いになり，体育館などの集合場所に到着したときにはすでにうんざりした表情を浮かべることになります。我慢をさせることも必要ですが，それを目的にしてしまうことは避けたいところです。　　　　　　　　　（河内　　大）

第3章● 「集会・行事指導」 指導スキル20

座礼を指導する

ハード編

「礼に始まり礼に終わる」

武道で重要とされる精神の一つです。礼は「自分を高めてくれる相手」「道場を作った方」「道場を使えること」への感謝を表すために行う動作だといわれています。

学校でも儀式的行事が近づくたびに，座礼指導が行われます。しかし，「人が一歩前に出たら座礼をする」という条件反射のような礼をする生徒が多いのではないでしょうか。そうではなく，相手に感謝の気持ちを伝えられる礼ができるように育てたいものです。

礼の大切さ

辞書を引くと，「礼に始まり礼に終わる」という言葉には，感謝以外に「敗者に対して侮辱な態度を取ってはならない」という意味もあるようです。礼は「相手を敬うことで，これからの対人関係を良好にするもの」なのです。

傾向と対策

1 礼の形骸化を防ぐ

学校では「儀式的行事」だけではなく，「朝・帰りの学活」「授業の始めと終わり」など様々な場面で礼（挨拶）をします。これをうまく使いましょう。学級に，こんな生

徒はいないでしょうか。

「『気をつけ』の後，周りの様子を見ていない日直」

「挨拶をしながら，座ろうとする生徒」

「板書をノートに写しながら，終礼をする生徒」

挨拶は，「授業前後の切り替え」や「頑張ります」「よろしくお願いします」という気持ちを伝えるものです。しかし，生徒の中には「挨拶はすれば良いもの」程度の感覚になっている生徒もいるのではないでしょうか。

その防止策として，最初の学活や授業で礼の大切さや合格ラインについて説明します。達しない場合はやり直しをさせます。年度初めや長期休業後の1ヶ月を引き締めることができれば，それ以降ラインを下回らないはずです。

勿論，教師ができることが絶対条件です。自分ができないことを他人にさせようとするなどもってのほかです。

2 道徳や総合の授業を活用する

礼・挨拶の大切さを伝える機会として，「道徳」は最適な授業です。例えば，二人一組で「良い挨拶」と「悪い挨拶」を行い，相手が受ける印象を交流させ，礼儀について考えてみる方法はどうでしょうか。また，最近は総合的な学習の時間として「キャリア教育」を導入している学校も多くあります。飲食店などの新入社員指導担当の方にお願いし，「マナー講話」を開催するのも面白い方法です。普段からお客さまを直接相手にしている方の講話なので，教師が講話するよりも効果的です。

（山﨑　剛）

第3章● 「集会・行事指導」 指導スキル20

8 座礼を指導する ソフト編

入学式や卒業式に向けて，座礼の練習をするものの，頭を上げ下げするタイミングがバラバラ。教師から注意を受け，もう一度やり直し。生徒は「まだ続くのか……」と集中力も切れ，ガッカリモード。これでは，せっかくの晴れの舞台が台無しです。来賓・保護者，そして生徒が気持ちよく区切りを迎えられる式をつくるには，どうしたら良いのでしょうか。ソフト編では，キレイに揃う座礼を行うための指導法を説明していきます。

タイミングを揃える方法

タイミングを揃える一番の方法は「一斉に指導する」ことです。それぞれの担任が指導をすれば，拍子の取り方や礼をやめるタイミングなどがずれることがあります。また，担任の思う通りに動けるようになっても，総務係の先生から再び訂正されることもあります。そうなれば，生徒はますます混乱し，バラバラな座礼になってしまいます。

傾向と対策

1 方法を確認する

学年集会など一斉指導ができる時間があるならば，1人の先生に集会で座礼指導するようにお願いし，全学級に統

一した指導をしてもらいます。あなたは，その様子を観察し，指導の仕方や生徒を集中させるためのテクニックなどを学びましょう。

どうしても全体指導が難しい場合は，同学年の先生に事前確認することをオススメします（若手の先生は特に）。先輩教師と交流するきっかけになるだけではなく，上手な指示の出し方についてアドバイスをもらうこともできます。

2 座礼の方法を覚えさせる

もし，あなたが指導をすることになったときは，次のような方法はいかがでしょうか。

①話す人が演台の所に来るまでに姿勢を正す。

②一歩前に出たら，心の中で1・2・3・4と数える。

　（終わりのときは一歩下がったら数える）

③1で頭を下げ，2は頭を下げたままにする。

④3で頭を上げ始める。

⑤4で最初の姿勢に戻る。

説明を終えたら，実際に教師がステージ上でお手本を見せます。その後，練習をします。数回は，教師が手拍子をしながら「1・2・3・4」と声を出し，アシストしながら練習します。タイミングをとれるようになってきたら，今度は心の中で数える練習に変えます。練習では必ず「何が良かったか」「何がダメだったか」を評価し，伝えてあげましょう。何事も説明し，やってみせ，やらせてみて，評価することが大切です。

（山﨑　　剛）

第3章● 「集会・行事指導」 指導スキル20

集会中に寝る

　集会には，儀式的集会，学年集会，集団下校訓練をするための集会など，様々な形があります。私自身がとても良い生徒集団に恵まれたので，集会中に寝る生徒にはほとんど出会ったことがありません。警察署の方が来てお世辞にも上手だと言えないプレゼン時に1～2名がウトウトしたくらいです。

集会の意義

　それぞれの集会には開催する意図や目的があります。そして，どの集会にも整列，無言入退場，整った身なり，姿勢，傾聴，礼が求められます。そこに居眠りをすることは想定されていません。社会に出たら冠婚葬祭がありますが，学校の集会によく似ているのがお葬式です。亡くなった者の前で失礼な態度はできませんし，ワクワクした気持ちで向かう者もいません。学校で行われる集会の中で養われる礼法等は，社会に出ても必要なスキルなのです。

傾向と対策

1 必ず椅子を持参させる

　最近はほとんど見なくなりましたが，我々が中学生の頃の集会は椅子のない集会でした。無言入場は当たり前で，

数十分起立させられたままで,一区切りがついたら床に体育座りをさせられたものです。しかし,座ってから数分後,寝ている同級生が何人もいた記憶があります。体育座りは,長時間座っていると頭が自然と下がってくるため,ちょうど自分の膝と腕が枕の働きをしてくれ,寝るにはちょうど良い体制になってしまうのです。

しかし,学校で普段使用されている椅子には肘掛けもありません。つまり,椅子に座った状態で寝るには,かなり頭の位置が下がったり,前の人の椅子の背もたれを利用したりしなければ寝られないのです。

2 「横」から観察する

生徒指導の意識が高い中学校は,集会中にどの教師がどの位置に立って生徒を観察するかまで徹底しています。読者のみなさんの勤務校はいかがでしょうか。後ろからしか観察していない,壁に寄りかかって生徒よりも行儀良くない,そもそも集会指導につかずに職員室にいるなどという実態がある学校もあります。背もたれしかない椅子に座った状態の生徒を横から観察していると,寝ているかどうかは一目瞭然です。見つけたらその場で指導。その生徒に近づいて軽く注意を促せば良いのです。

3 全員が聴く姿勢になるまで話し始めない

これは話し手の協力が必要ですが,学校内の人間だけで行う集会であれば可能です。全員が頭を上げて「気をつけ」ができるまで礼をしない。特に,集会の2番目以降の話し手が徹底していくことが大切です。　　　　　（友利　真一）

第3章● 「集会・行事指導」 指導スキル20

集会中に寝る

　みなさんも，これまでの人生の中で誰かの講演会に参加したことがあるでしょう。そのときに寝てしまった経験はありませんか。話し方が良くない，内容に興味が湧かない，ずっと同じ姿勢で聴いていてつらい，そもそも参加したくなかったという思いがあったからではないでしょうか。生徒の心理もそのときと同じなのです。

集会内容の見直し

　集会の形態は，ほとんどが全体指導です。生徒には「目」と「耳」と「心」で聴きなさいと指導します。しかし，集会で寝てしまう生徒は「耳」でしか話を聞いていません。寝てしまう生徒に限った話ではありませんが，聴覚にしか訴えない話が長時間続くことは，時に苦痛を伴います。

　したがって，全体指導中心の集会自体を見直すとともに，事前指導と事後指導の充実を図ることが必要なのではないでしょうか。

傾向と対策

1 動きを取り入れる

　寝る生徒の多くは，集会中の話の内容に興味・関心がなく，ずっと椅子に座ったままの姿勢で集中力が切れていき

第3章 「集会・行事指導」指導スキル20

ます。だんだんと頭が下がり，頭を下げては目を覚ましを繰り返します。

　そこで，集会の中に動きを入れます。「隣りの人とじゃんけんをしましょう」「負けた人は立ってください」「全員立って後ろを向いてください」など，生徒の集中力に配慮して動きのある活動を取り入れます。集会中に寝る生徒が多くて困るという課題を抱えている学校は，集会の内容自体に一工夫凝らすと良いでしょう。あまり難しく考えず，できるだけ端的に話したり，話が長くなりそうなときには視覚に訴えたりするだけでも効果があります。

　私の勤務校の校長先生は，話の内容をフリップで示したり，パワーポイントを使用した集会をしたり，壇上でひと言だけ話して終わったりと工夫をしています。生徒の中には，校長先生の話し方に興味をもって集会に参加している者もいます。

2 必ず学級単位で振り返る

　集会の事前指導の際に，「今日の集会の主なテーマは○○です。大切なポイントが何点か話されます。集会後に何点あったか具体的に答えてもらいます」などと課題を与えます。そして，集会後に学級で振り返りを記入させます。ポイントを箇条書きさせる程度で良いと思いますが，寝ていた生徒には詳しく口頭で説明させてみましょう。説明できない生徒には，寝ていたことを反省させます。守れるかどうかは別として，「次の集会では寝ません」と約束させてしまえば良いのです。　　　　　　　　　　（友利　真一）

第3章● 「集会・行事指導」 指導スキル20

11 行事への意欲をたきつける

ハード編

　行事は普段の授業と違う動きになり，生徒の気持ちや成長も違うでしょう。教師はねらいをもって目標を設定し，指導する必要があります。生徒が意欲をもって行事に臨むことで，大きく成長することは間違いありません。

乗り越えられる壁

　教師は，生徒につけさせたい力を意識して，行事に臨みます。しかし，生徒が「やらされている」と感じるようでは効果は期待できません。効果を出すために，意欲をもたせ，頑張れば乗り越えられる壁を設定しましょう。

傾向と対策

1 難易度の設定

　行事は，表現活動，作品制作，研究発表など様々なジャンルがあります。どのジャンルにおいても共通することは，「簡単すぎても難しすぎても駄目」ということです。

　生徒にとって苦労なく簡単にできる取り組みは，次の行事に結びつきません。向上心をもって取り組むことができないのです。また，難しすぎると，生徒の能力によってはついていくことができません。その結果，自分を肯定するために「やっても意味がない」など，やる気をなくさせる

ような発言や行動をとってしまいます。これらを回避するために、適切な難易度の取り組みを設定しましょう。

さらに、各生徒が何らかの場面で、乗り越えられる取り組み内容を設定します。普段の生活から生徒の得意、不得意を把握していることが必要です。取り組み内容は必ずしも同じである必要はありません。「道具を用意する」など小さなものでもかまいません。最後に結集し、一つのものになれば良いのですから、バラバラでもかまわないのです。大切なのは、頑張ってやりきったと思わせることです。

2 目標の設定

行事の目標として「賞をとる」「素晴らしい作品を作る」といった最終目標をよく目にします。しかし、抽象的なものが多く、そのために何を頑張ったら良いのか、理解していない生徒も多いのではないでしょうか。

そこで、取り組み過程のみの目標も設定します。過程での目標はできるだけ具体的で、生徒に特別感をもたせるものが良いです。「居残りをしないで完成させる」「花を250個作る」「練習前にラジカセを用意する」どれも、当たり前にできてしまうように感じますが、教師の一言で特別な目標になります。「今まで居残りなしでできたことがありません。今回のメンバーを見て、先生はその、あり得ないことにチャレンジできると思いました！」といった具合です。自分たちは期待され、可能性があると感じ入れば、やる気も湧いてくるものです。

（長尾　由佳）

第3章● 「集会・行事指導」 指導スキル20

12 行事への意欲をたきつける

ソフト編

　行事は生徒にとって，普段と違う特別な活動です。ですから，生徒が意欲をもって取り組むような指導を心がけていきたいものです。

帰属意識と自己肯定感

　行事だからこそ身につく力も多く，特に帰属意識と自己肯定感をつけるには良い機会と考えます。一緒に困難を乗り越えると，団結力や互いを受け入れる力が身につきます。仲間が増えることで，行事に対しても意欲的に取り組むことができるようになります。

傾向と対策

１　自分が活かせる場所

　行事の内容によっては生徒が，「苦手だし，やりたくない」と感じるものもあります。
　そこで，自分を活かせる場面をつくります。リーダーはスケジュール管理や，活動の声かけ，全体を見て細かい調整を行ったり，教師が気づかない生徒の気持ちを報告したりします。「リーダーは先生と一緒の立場でものを見よう」と声かけをすることで，自分は頼りにされていて，必要な存在だと意欲が湧きます。全体が効率よく動いたり，楽し

んでいたりするときは「リーダーのおかげです」と褒めましょう。

残りの生徒は能力に応じた班編制をします。できれば,能力ごとに分けることをおすすめします。班の中で,大きな力関係が働かないような構成を意識しましょう。活動内容は班の数用意し,毎回班に選ばせるのも良い方法です。できそうな仕事を自然に選びます。また,能力が高いのに楽をしようとする班には,「君たちに任せたい仕事がある」と,難易度の高い内容を与えましょう。「やはり,任せて良かった」と,はじめの活動で褒めることが大切です。出来がどうであれ,任せてしまう気持ちをもち,必ず毎回どの班もできたことを褒めます。

2 みんなへのお願い

作業内容を分けにくい合唱コンクールなどの行事では,互いに自分の気持ちや,協力したいという思いを伝えることが大切です。得手不得手のある中,同じ取り組みをするのですから,理解し合い認め合うことが重要なのです。

そこで「〇〇しませんかカード」を作製します。どんな取り組みにしたいか,自分の思いを書き協力を要請します。「大きな声を出すのは苦手ですが,僕なりに一生懸命頑張ります。一緒に楽しい練習にしませんか」といった具合です。メッセージの最後に「〜しませんか」と呼びかけることが大切です。このカードを一覧にし共有することで,相手の気持ちに気づき寄り添うことができます。生徒間で,問題が生じたときにも大変役立ちます。　　　（長尾　由佳）

第3章● 「集会・行事指導」 指導スキル20

リーダーを育成する

　学校祭や合唱コンクールの本番が近づき，準備や練習で行き詰まってくると，「うちのクラスにはリーダーがいないから……」とぼやいている担任の声をよく聞きます。しかし，最初から担任の期待に100％応えられるようなリーダーは100人に１人くらいしかいないかもしれません。リーダーは育てるものという感覚が必要です。

リーダー不在の時代

　リーダーの肩書があってもなくても，場を仕切れる生徒がいないのが当たり前の時代です。先頭に立って集団を引っ張るリスクや苦労で悩むくらいなら，一般人としてのらりくらりついていく方が良いという生徒が多いのです。しかし，今も昔も学級委員長のバッヂを胸につけている生徒はいます。なぜリーダーが今，機能しないのでしょうか。

傾向と対策

発信力がすべて

　「授業３分前だよ」「静かにしよう」「もっと声を出そう」など，言いにくいことも含めて，学級全体に対して発言できることがリーダーの絶対条件です。簡単なことではありませんが，場数を踏ませることで，リーダーが発言し，仲

間は聞くという構図が双方にとって当たり前になっていきます。この環境はリーダーたちが活躍できる土台となり，その土台の上では彼らは活動しやすいと感じます。彼らのリーダーシップが機能し始めると，その存在や発言に一目置かれるようになります。

　私の学級では，毎日の帰り学活でリーダーたちが一人ずつ全員発言する場面が設けられています。学級委員長は，「今日の目標」に対して学級の達成状況を報告します。副委員長は，各教科担任が評価した授業態度をその理由とともに発表します。生活委員は授業3分前着席の状況，図書委員は朝読書の1分前スタート率，班長からは今日一日の中で評価できることを発表していきます。学級の代表者として学級全体を評価し，学級全体に対して発言することに慣れることが，リーダーシップを発揮する第一歩です。

2　とにかく目立たせる

　学級は全員が平等なのが当然ですが，リーダーだけはあえて別の扱いをします。この学級を引っ張るリーダーであることを仲間や教科担任にアピールすることが，活動しやすくするために必要なのです。例えば，自己紹介用顔写真を掲示するときには，リーダーたちはカラー印刷で一回り大きいサイズにします。座席表の名前は太字に，名前の横には星のマークをつけます。授業でも指名されてどんどん発言させられることが望ましいのです。とにかく目立つのが当然，という環境がリーダーたちには必要です。

　　　　　　　　　　　　　　　　　　　　　（高橋　美帆）

第3章● 「集会・行事指導」 指導スキル20

リーダーを育成する

　金賞が獲りたい。かっこいいステージ発表をしたい。落ち着いて授業を受けたい。生徒たちの望みを叶えるキーパーソンになるのが学級を引っ張るリーダーです。しかし，当然ながらリーダーも一人の生徒です。彼らにも叶えたい望みがあるのです。

リーダーの望みとは

　リーダーが望むこととは何でしょうか。一つの方向に導くために学級全体へ呼びかけ，仲間の心を動かすことは大変なことです。なかなかうまくいかない。頼りないリーダーである自分への仲間の視線が気になる。始めたばかりだけれど，もうやめたい……など悩みは尽きません。リーダーたちは楽しく仕事ができ，成果を達成し，充実感を味わいたいと望んでいます。この望みが叶うとき，リーダーはどんどん成長していきます。

傾向と対策

1 リーダーの望みを叶えるのは担任

　旅行的行事の準備や各種キャンペーン，学校祭，合唱など一つのプロジェクトが始まると，リーダーたちは自分たちの仕事を全うしようと積極的に動き出します。しかしそ

のうち，困難にぶつかります。○○さんが歌ってくれない，○○君が３分前にいつも教室にいない，など愚痴が聞こえ始めます。リーダーが一生懸命促しても，うまくいかない。そんなときは担任の出番です。名前の挙がった生徒は何らかの不満をもっています。担任は当該生徒を抜いて一対一で十分に話を聞き，また集団に戻します。その後リーダーたちにその生徒の様子がどうなったか聞いてみます。担任の手間や時間はとられますが，リーダーを育成したいのならこの過程は省けません。リーダーたちの問題を解決し，楽しさ，達成感，充実感を味わわせることが担任の仕事です。

2 秘密会議で情報を共有する

　学級委員長，副委員長，議長，副議長，書記と担任は，定期的に秘密会議に参加します。内容によっては班長にも招集をかけます。放課後や昼休み，教室や別室を閉め切って担任とリーダーたちで秘密の会議を開き，学級が抱えている課題をどう解決していくか話し合います。例えば，ある教科の授業だけ私語が目立ち，騒がしくなることを教科担任の先生が困っているとします。担任は「大変だ，自分が解決しなければ……」と思うでしょう。しかし，ここで担任は，「この問題を解決に導くのもあなたたちリーダーの仕事です」と断言し，解決策を考えさせます。秘密会議では担任が企画しているサプライズなども共有します。これを続けると，リーダーたちは自分たちができることを自然と探し始め，行動し始めます。　　　　　（高橋　美帆）

第3章● 「集会・行事指導」 指導スキル20

15 スピーチを指導する

スピーチ活動は，生徒の「表現力」を養う側面と「リーダーとなる資質」の育成という側面をもっています。このスピーチ活動をうまく活用して，「表現力」と「リーダーとなる資質」の両方を育てていく姿勢が大切です。

スピーチ活動の種類

スピーチ活動には，授業などの学級単位で行われるものと全校集会，学年集会，入学式，卒業式などで行われる学校単位のものがあります。両方とも，「表現力」を伸ばすという要素を含んでいます。ただ，後者には，「リーダーとなる資質」を育てるという要素も含まれているのです。

傾向と対策

1 スモールステップで課題をもたせる

学年ごとに課題を設定して，スピーチに取り組ませます。中学1年生は「原稿を書かせて暗記させてスピーチさせる」，中学2年生は「暗記させるだけでなく，聴衆の反応を見ながら，臨機応変にスピーチさせる」，中学3年生は「内容項目のメモを用意させ，スピーチさせる」が目処です。学年が上がるにつれて，難易度の上がっていく課題を乗り越えさせる経験を積ませましょう。この成功体験によ

り，生徒のリーダーとなる資質を育て，その自覚を芽生えさせられるのです。

2 絶対に失敗をさせない

　学校単位のスピーチは，「リーダーとなる資質」を育てるという視点に必ず立ちましょう。だからこそ，全校生徒を前にしたスピーチが，失敗するようなことがあっては絶対にいけません。大勢の前でのスピーチの成功体験が，生徒にリーダーとしての資質を育て，その自覚を促す一番の起爆剤だからです。そのためにも，できる限り練習する時間を確保しましょう。本番前に，本番と同じ場所に立ち，本番さながらの緊張感で取り組ませることが大切です。そして，成功したら必ずほめ，その努力を認めましょう。

3 目で見て確認させる

　「百聞は一見にしかず」という言葉があるように，模範となるスピーチ発表の動画を見せると，非常に効果的です。この動画を見せる利点は，①表情，②声量，③姿勢に着目させられることです。どんなにスピーチの内容が良くても，①〜③が欠けていると，あまり伝わりません。「この表情が良いよね」「話す声量や話す姿勢が立派ですね」「理由が述べられていて素晴らしいですね」と大切なことを伝えましょう。するとそれらを真似て，生徒はより質の高いスピーチを目指そうとします。そして生徒自身のスピーチの様子を撮って見せれば，本人が修正点を自ら発見し，完成度の高いスピーチへとつながっていきます。

（北原　英法）

第3章● 「集会・行事指導」 指導スキル20

スピーチを指導する

　自分の思いや考えを言葉にして伝えるスピーチ活動。この活動では、教師がスピーチ作成の初段階からその要点を伝えることが大切です。すると、生徒たちはいつの間にかスピーチ活動自体に楽しさを感じていきます。

スピーチ活動の問題点

　新学期、中学1年生に「自己紹介」のスピーチをさせたとします。「〇〇小学校出身です」「〇〇部に入ろうと思います」などの内容が続きます。ですが全員が終わったあと、一人一人あまり覚えられていないという事実に直面します。これは、全員のスピーチ内容がほぼ同じで、印象に残りにくいからです。

傾向と対策

1 自分らしさのあるスピーチを意識させる

　「自己紹介」のスピーチをするときには、「友達の何を知りたいですか」と聞いて、自分だったら相手の何を知りたいのかまず考えさせましょう。すると、「クラスへの想い」「最近のマイブーム」「大切にしていること」などが出てきます。自分が知りたいと思う内容項目をスピーチに取り入れると、相手の印象に残りやすいスピーチになるのです。

それが自分らしさのあるスピーチになるということを「話題づくり」の初めの段階から意識させましょう。

2 「安心感」をもたせ練習させる

スピーチの成功とその練習時間は正比例の関係です。ですから，練習すればするほど，「やればできた！」という成功体験を味わえます。練習のときに大切なことは，①スピーチ時間（秒），②文字数，③スピーチの始めと終わりの文言，などの基準を伝えておくことです。これにより，生徒は安心感をもって練習に取り組みやすくなるからです。

すると，スピーチ本番には決められた秒数ぴったりで成功させる生徒が出てきます。クラスで「すごい！」と認められ，自分に「できた！」という自信も生まれ，二重の充実感を味わえます。担任の先生が30秒スピーチを成功させれば，生徒との信頼関係を築くことにもつながります。

3 「聞く姿勢」を意識させる

「話し上手は聞き上手」という言葉があるように，スピーチが上手になる指導には，「聞く姿勢」の指導も大切です。「聞く姿勢」は，①相手の目を見る，②うなずく，③メモを取ることです。①と②ができると，話し手が話しやすくなります。これにより，聞き手が話し手を育てる学級の雰囲気が生まれます。そして③を使って，生徒同士でスピーチの良い点を伝え合うと効果的です。「○○さんの〜という表現が印象に残りました。その理由は，○○だからです」のように，必ず理由をつけて述べさせましょう。

（北原　英法）

第3章●「集会・行事指導」指導スキル20

17 バス・列車の座席を決める

旅行的行事におけるバス・列車の座席は，基本的に移動時間の座席です。バス移動による見学，列車の乗車や乗り換え，いずれにしても何より重要なのは，全員が揃っていることを素早く確認すること，つまり「人員点呼」です。一人でもいないという場合には発車することができず，全体の日程に大きく影響を与えかねません。その意味で，優先順位の一番は点呼のしやすさになるでしょう。

バスと列車の違い

バス移動と列車移動には機能的に大きな違いがあります。バスは移動時の車内の立ち歩きができませんが，列車は車内異動はもちろん，座席を向かい合わせることができるなど，かなり可動的な移動手段です。座席決めにもこの違いが大きく作用します。

傾向と対策

1 バス移動の場合

①まずは学年で意思統一をする

多くのバスは二人掛けです。二人掛けを男女とするのか同性とするのか，まずはこれを学年ではっきりと方向付けます。前から1班から6班へとするのか，班の順番は学級

ごとに決めて良いことにするのか，一番前と一番後ろを学級代表の班にするのか，例外（酔いやすい生徒など）はどういう場合なのか，こうしたことを意思統一しておかないと，「他の学級は許されているのに，うちの学級だけどうして……？」という不満を誘発します。

②班内の座席は生徒たちに任せる

　１班が座るのはここからここまで，２班はここからここまでと決めてしまったら，班内で一人ひとりがどこに座るかについては生徒たちに任せてしまって大丈夫でしょう。学級内に深刻ないじめ事案でもない限り，教師がそこに介入する必要はほとんどありません。

2　列車移動の場合

①列車座席は固定ではないことを伝える

　学年で意思統一をすることはバスと同じです。そのうえで，列車の座席は人員点呼が終われば移動可能（多くの場合，「学級内移動」という学校が多いようです）となり，おしゃべりやゲームに興じられるので，列車座席にはそれほどこだわる必要がないことを生徒たちに伝えます。

②時間をかけずにさらりと決める

　列車の座席は固定的でないことを伝えたら，学級担任か係の生徒（担当の委員など）が班の座席を割り振り，班内で個々人の座席を決めさせれば，ほとんどトラブルは起こりません。あまり時間をかけずに，さらりと決めるのがコツと言えます。

（堀　　裕嗣）

第3章●「集会・行事指導」指導スキル20

18 バス・列車の座席を決める

ソフト編

　バス・列車の座席を単なる移動時の分担と捉えればハード編で紹介したような流れになりますが，学級の生徒たちの成長，学級リーダーの成長を念頭に置いて，特別活動の目標を達成するために別の目的をもって取り組むならば，生徒たちの自主的な活動の一環として機能させなくてはなりません。

学級組織との連動

　人員点呼をするメンバー（例えば「班長会」）のような生徒たちを集め，担任と一緒に座席を決める会議をもちます。時間はかかりますが，班長としての責任感を醸成したり仕事に対する達成感を抱かせたりすることができます。

傾向と対策

1 班長会一任を取り付ける

　座席は生徒たちから見れば人事のようなものです。中学生にとって学年を問わず席替えが一大イベントであるように，移動車内の座席と言えども，生徒たち一人ひとりにそれぞれの思いがあります。あとでトラブルにならないように，まずは班長会への一任を取り付けることが大切です。

2 条件を確認する

ハード編で述べたように，バス・列車にはそれぞれの特性があります。①人員点呼しやすいように班を崩さないこと，②班員がまとまって座ってさえいれば班内の座席にはそれほどの縛りがないこと，③バス座席は固定だが，列車座席は移動できること，④体調不良や酔いやすい生徒への配慮が必要であること，⑤トラブルがあった場合には特別動きがあり得ることなどを班長会でしっかりと伝えます。そのうえで，様々な可能性を考えながら生徒たちに決めさせていきます。この会議には必ず学級担任が入り，予想外の観点が出てきた場合には指導・助言します。

3 車内レクと連動させる

バスにしても列車にしても，車内レクを企画する学校は多いはずです。クイズ形式の車内レクを企画して，班対抗で競わせます。その際，隣り合った者同士が班の代表として回答者になり，ポイントを取っていくルールとすれば，車内の座席が車内レクの作戦として機能していきます。

この場合にはそれぞれの班の位置だけを班長会で決め，それぞれがどこに座るかは班内の話し合いにしていきます。車内レクと連動させることで，体育的行事（球技大会など）のチーム決めと同じように，作戦に応じた座席決めになり，生徒たちの中でも「ただ仲の良い人と一緒に座りたい」を超えた意味合いが生まれてきます。

こうした工夫で特別活動的な目的をさらに機能させ，盛り上げていきます。　　　　　　　　　　　　（堀　　裕嗣）

第3章●「集会・行事指導」指導スキル20

部屋割りを決める

　旅行的行事の部屋割りは，一晩をともに過ごすための分担ですから，車内座席のような一時的なものとは異なり，生徒たちにとってはとても重要なものです。班ごとにとか出席番号順にとか，そんなわけにはいきません。かつては大部屋にクラスの同性が全員……などということが多かったのですが，時代が変わり，宿泊する部屋が小さくなってきている昨今，生徒たちの想い出づくりのためにも不満の出ないように配慮する必要があります。

泊数と部屋割り

　宿泊行事では泊数と同じだけ部屋割りがあります（同じ宿泊施設に連泊という場合を除いて）。その際，実はその宿泊行事が1泊なのか2泊なのか3泊なのかが，部屋割りを決めるうえでとても重要になります。

傾向と対策

1　配慮を要する生徒の対策を講じる

　まず学級担任が第一に考えなければならないのは，配慮を要する生徒です。健康上，部屋割りにおいて配慮しなければならない生徒がいる場合，しかもその配慮が必要なことを生徒たちに公開できない場合には，まずはその生徒に

対する配慮事項を優先します（例えば，糖尿病を隠しているとか，躰に傷があって見られたくないなど）。

2　１泊の場合は原則を決める

１泊の場合には，比較的縛りの強い原則を決めます。班メンバーをできるだけ崩さないとか，最初にすべての部屋の室長を決め，その上で室長を会議で決めていくというように原則に則って決めていきます。１泊の宿泊行事は，後に修学旅行があってその練習という意味合いももちますから，こうした流れはスムーズに受け入れられます。また，班をできるだけ崩さないという方針が採られる場合には，数ヶ月前の班構成の段階で，工夫しておくこともできます。学級担任はこうした見通しをもって準備する必要があるでしょう。

3　複数泊の場合は生徒たちの意向を活かす

複数泊の場合には１泊だけの場合と異なり，泊数と部屋数の関係に鑑みて，一緒の部屋で過ごしたい仲の良い者同士の意向を汲める可能性が高まります。

例えば，３人部屋が基本である場合なら，男女それぞれに対して，同じ部屋になりたい者同士３人になってみろとか，６人になってみろとか指示します。６人グループが三つできたら，それを分けて３人ずつのグループを泊数分つくりなさいと指示します。もっと人間関係が複雑な場合には，例えば３泊の場合なら，全員が２勝１敗になるように公平に部屋割りをつくっていきます。

（堀　　裕嗣）

第3章● 「集会・行事指導」 指導スキル20

部屋割りを決める

　部屋割り決めを生徒たちの自主的な活動として機能させるのはたいへん難しいと心得る必要があります。しかし，旅行的行事の部屋割りが生徒たちから見れば一大イベントであるからこそ，それが誰とでも良い，できるだけ多くの級友と一緒の部屋になるという決め方は，学級づくりの一つの理想です。

　特に学級編制直後の１学期に旅行的行事があるという場合には，生徒たちの人間関係がまだ固定化していない時期に部屋割りが行われるので，いろいろな人と交流するために部屋割り決めを機能させられるチャンスであるとも言えます。

原則を貫くこと

　生徒たちの話し合いや班長会などの学級リーダー会議で部屋割りを決めるという場合には，いろいろな人と泊をともにするという原則を貫く必要があります。

傾向と対策

１ 全体指導で確認する

　学級編制後の１学期に旅行的行事があるという場合，部屋割りを決めることを「まだよく知らない級友のことをよ

く知る機会」として位置づける必要があります。そしてそれぞれの部屋割りで，できるだけ同じ人と同じ部屋にならないという原則を貫かなくてはなりません。まずは学級全体にこのことをしっかりと確認する必要があります。

2 学級リーダーの構えを確認する

そのうえで，部屋割りを決める学級リーダーを選出するわけですが，こうした役割に立候補する生徒たちが，陰で自分の意向を実現できるのではないかと勘違いして立候補する場合があります。学級担任はそうではないことを事前に伝える必要があります。権限をもつ者は，何か不都合が出てきた場合には率先して譲らされることになる，それがリーダーであると伝えます。この事前確認がないと，担任とリーダー生徒とのトラブルを誘発しやすいので気をつけましょう。

3 原則を貫いて会議を運営する

部屋割りを決める学級リーダーが決まれば，あとは原則を貫いて会議を進めます。その会議には必ず担任も入り，不正が行われないようにします。

3泊なら3泊，同じ人と同じ部屋にならないというルールだけではなく，特別な配慮が必要な生徒にどのように配慮するかとか，以前に一緒のクラスになったことがない人を優先するとか，場合によっては小学校時代の一緒のクラスではなかった人を優先するとか，細かい原則を臨機応変に定めていきます。

（堀　　裕嗣）

あとがき

　「ヒドゥンカリキュラム」という言葉をご存じでしょうか。教師が意識しないままに教え続けている知識・文化・規範などの総称で，「かくれたカリキュラム」とも言います。例えば，一度決めたルールを頻繁に変更することは，先生の決めたルールは変更可能なのだと気づかぬうちに教えてしまっているような，直接的には見えにくい潜在的な教育効果と言えます。効果と述べましたが，それは良くも悪くも機能してしまう側面をもっているわけです。

　若い頃，私は直球勝負で生徒と対決していました。現代の生徒とは違って対応の仕方を一つ誤ると，いつ生徒から手や足が出てきてもおかしくない状況でした。ベテラン教師のような，変化球を使って生徒の言動をかわしたり，いなしたりする技量は当時の私には全くなく，毎日力勝負でいっぱいいっぱいだったことを懐かしく思い出します。

　さて，年を取って経験を重ねた現在，若手教師のつまずきを見るたびに，私のようなベテラン教師の対応が「ヒドゥンカリキュラム」として悪しく機能してしまっている面を感じるようになりました。その原因を探っていくと，コミュニケーション不足が大きな理由として挙げられます。

　「おまえの生徒指導は間違ってる!?」
　「あんたのやりかたじゃ生徒はついてこない!?」
　時には煙草部屋で，時には飲み会で，時には職員会議で，「生徒のため」というお題目の下，年齢や経験に関係なく，

あとがき

 教師同士が本気で言い合いになっていた姿が、この10年すっかりお目に掛からなくなったように思います。いや、そんな強烈なコミュニケーションではなくても、職員室で生徒指導の在り方や生徒の話題を語り合う教師の姿すら、このところとんとお目に掛からなくなりました。
 「ヒドゥンカリキュラム」の前提として、「ヒドゥンイデオロギー」や「ヒドゥンスキル」といった「かくれた思想」「かくれた技術」を、ベテラン教師の誰もがもっており、それを盾に職員室でコミュニケーションを図るというのが、かつての教師文化であったはずです。だからこそ、教師同士の「ヒドゥンカリキュラム」が、いい意味で機能していたようにも感じます。
 翻って、校務支援という名の事務効率化が広く蔓延した今の時代、私たちベテラン教師が若手教師に残せる「ヒドゥンカリキュラム」ってなんだろうと時に考えるわけです。
 ゆとり世代の若手教師が増える中、そもそも論としての教育の目的や生徒指導の思想をわかりやすく伝えることは大切でしょう。しかしそれと同じくらいに、ちょっとしたすきま的要素をもつ「ヒドゥンスキル」を、目に見える形で伝えていくことも若手教師とのコミュニケーションの一つではないだろうかと最近考えています。ただ、その伝え方にはいろいろと工夫が求められるところでしょう。
 最後になりましたが、今回も本書を発刊するにあたりまして明治図書の及川誠さんに多大なるご尽力をいただきました。この場を借りて感謝申し上げます。　　山下　　幸

【執筆者一覧】

堀	裕嗣	北海道札幌市立幌東中学校
山下	幸	北海道札幌市立平岡中央中学校
山﨑	剛	北海道札幌市立太平中学校
髙橋	和寛	北海道札幌市立札苗中学校
河内	大	北海道室蘭市立桜蘭中学校
高村	克徳	北海道札幌市立篠路西中学校
友利	真一	北海道砂川市立砂川中学校
新里	和也	北海道札幌市立北白石中学校
高橋	勝幸	北海道栗山町立栗山中学校
長尾	由佳	北海道札幌市立幌東中学校
北原	英法	北海道室蘭市立桜蘭中学校
渡部	陽介	北海道札幌市立新琴似中学校
石田	裕樹	北海道札幌市立栄町中学校
高橋	美帆	北海道札幌市立北白石中学校

【編著者紹介】

堀　裕嗣（ほり　ひろつぐ）

1966年北海道湧別町生。北海道教育大学札幌校・岩見沢校修士課程国語教育専修修了。1991年札幌市中学校教員として採用。1992年「研究集団ことのは」設立。『スペシャリスト直伝！教師力アップ成功の極意』『【資料増補版】必ず成功する「学級開き」魔法の90日間システム』（以上，明治図書）など著書・編著多数。

山下　幸（やました　みゆき）

1970年北海道苫前町生。北海道教育大学岩見沢校卒。1992年北海道空知管内小学校教員として採用。1995年「研究集団ことのは」に入会。『全員参加を保障する授業技術』『学級経営力・中学学級担任の責任』（以上，明治図書）などを共著。

イラスト：木村　美穂

中学校　生徒指導すきまスキル72

| 2017年9月初版第1刷刊 | ⓒ編著者 | 堀　　　裕嗣 |
| 2021年7月初版第3刷刊 | | 山　下　　　幸 |

発行者　藤　原　光　政
発行所　明治図書出版株式会社
　　　　http://www.meijitosho.co.jp
　　　　（企画）及川　誠（校正）西浦実夏
　　　　〒114-0023　東京都北区滝野川7-46-1
　　　　振替00160-5-151318　電話03(5907)6704
　　　　ご注文窓口　電話03(5907)6668

＊検印省略　　　組版所　株式会社　アイデスク

本書の無断コピーは，著作権・出版権にふれます。ご注意ください。

Printed in Japan　　ISBN978-4-18-280617-9
もれなくクーポンがもらえる！読者アンケートはこちらから　→

いつでも・だれでも・どこでも NIE
楽しく気軽に出来る授業づくりのヒント

土屋武志 監修　碧南市立西端小学校 著

「社会を見る目」や情報リテラシーを鍛える! NIE授業

「教育に新聞を!」これからの子ども主体の学びを支えるものとして，新聞は格好の教材です。新聞比較によるリテラシー向上や，社会を見る目，「見方・考え方」を育てる取り組みなど，NIE授業づくりの基礎基本と情報活用能力を高める授業モデルを豊富に紹介しました。

B5判 96頁
本体 1,460円+税
図書番号 0957

よくわかる学校現場の教育心理学
AL時代を切り拓く10講

堀 裕嗣 著

AL時代を切り拓く教師の生き方とは? 世界を広げる10講

主体的・対話的で深い学び、いわゆるアクティブ・ラーニングが導入されるなど、激変する教育現場。AL時代を生き抜くには、教師は何をすべきなのか?「行動主義」と「認知主義」の学習理論、動機付け、メタ認知の視点から考える"AL時代を切り拓く"10の提案です。

四六判 144頁
本体 1,560円+税
図書番号 0989

THE教師力ハンドブック
特別支援学級の子どものためのキャリア教育入門　基礎基本編／実践編

西川 純・深山智美 著

子どもの生涯の幸せを保障するために出来ることがある!

「特別な支援を必要とする子どもの一生涯の幸せを保障するために、学校が出来ることは?」保護者や施設、就職支援の方への実地アンケートをもとに、「学校卒業後を視野に入れた教育」「就労の仕組み」「今、卒業後の幸せのためにできる準備」とはどのようなものなのかを解き明かす、問題提起と提案の書。

【基礎基本編】
四六判 128頁 本体 1,500円+税
図書番号 2261

【実践編】
四六判 144頁 本体 1,600円+税
図書番号 1390

学級経営すきまスキル 70
低学年／高学年／中学校

堀 裕嗣 他編著

ハードとソフトで学級のつまずきを解消! 微細スキル70

学級経営のつまずきは、実は遅刻した子への対応や日常の給食指導等における細かなズレの積み重ねが原因です。本書ではおさえておきたい学級経営のスキルを70の項目に分けて、「ハード編」として指導技術を、「ソフト編」として子どもに寄り添い支援する技術を紹介しました。

四六判 160頁
本体 1,800円+税
図書番号 2751, 2753, 2754

明治図書　携帯・スマートフォンからは **明治図書 ONLINE** へ　書籍の検索、注文ができます。▶▶▶

http://www.meijitosho.co.jp　＊併記4桁の図書番号（英数字）でHP、携帯での検索・注文が簡単に行えます。

〒114-0023　東京都北区滝野川7-46-1　ご注文窓口　TEL 03-5907-6668　FAX 050-3156-2790